ALBERTO BEVILACQUA

UMANA
AVVENTURA

ARNOLDO MONDADORI EDITORE

© 1993 Arnoldo Mondadori Editore S.p.A., Milano

I edizione Bestsellers Oscar Mondadori ottobre 1993

ISBN 88-04-37616-3

Questo volume è stato stampato
presso Arnoldo Mondadori Editore S.p.A.
Stabilimento Nuova Stampa - Cles (TN)
Stampato in Italia - Printed in Italy

UMANA AVVENTURA

Parte prima

I

Eppure l'ho vista.

Nessuno potrà togliermi questa certezza.

Nei giorni che hanno preceduto la scoperta, fenomeni che avrebbero potuto apparire provocati da guasti tecnici, me ne hanno dato segnali. Ho pensato dapprima che la zona a sud di Delo – dove con mia moglie e mia figlia vengo ogni estate, e da solo più spesso per i miei lavori di scavo – fosse impregnata di un gas o altra esalazione inesplicabile.

Tutto ciò che, della mia barca, era stato predisposto contro l'azione ossidante dell'aria, si ossidava con la rapidità dei trucchi ottici. La spazzola rotante per la pulizia della carena si bloccava. Qualunque tentativo facessi, essa si rifiutava di rimuovere i detriti che si moltiplicavano a vista d'occhio.

Il congegno di contatto tra il subacqueo e chi rimane a bordo, e l'allarme che avverte quando l'uomo in acqua corre pericolo, si mettevano in moto. Benché nessuno si fosse immerso e per un largo raggio non ci fosse nessuno.

Le spie rosse mi segnalavano un circoscritto cataclisma sotto lo scafo. Ma quale?

La sorpresa maggiore venne un giorno dalle corde lasciate dal marinaio: esse cominciarono a sciogliersi mentre tutt'intorno le torce ad accensione magnetica, di cui mia figlia si era munita per l'esplorazione dei fondali, si accendevano da sole. Un fenomeno analogo lo produceva il vento sulle pinne degli ospiti abituali della barca, che si animavano come se invisibili piedi scendessero a calzarle, cercando poi di riguadagnare la volta celeste. Era un movimento con sapienza umana. Ben differente dalla comune reazione delle cose al vento.

Ciò accadeva in quel preciso punto. Entro un diametro di qualche centinaio di metri.

In vista dei leoni arcaici contro il Lago Sacro. E della Casa dei Delfini. Ma mi sembrava visibile anche la Fossa della Purificazione di Reneia, dove dirigevo gli scavi in quei giorni.

Portando la barca oltre questo confine, tutto cessava.

Il fenomeno che avrebbe potuto chiarirmi qualcosa, era quello a cui già ho accennato. In carena, l'anticorrosivo capace di resistere per anni si apriva alle gialle chiazze della corrosione. La vernice stessa dello scafo, inattaccabile fino a cento gradi centigradi, si sfarinava sotto la mano come calce imbevuta di secolari piogge.

Mi lasciavo scivolare sottochiglia.

Allora, dalla ghiacciaia portaesca, sgusciavano rigidi come pugnali i pesci che vi avevo rinchiuso. Senza che riuscissi a scoprire un minimo varco.

Guardavo i pesci perdersi nell'azzurro denso della profondità. Se cercavo di afferrarne qualcuno, essi diventavano piccoli miraggi di sola luce che mi sgusciavano attraverso il palmo.

Da giù, avevo modo di osservare lo sciogliersi dell'antivegetativo che provocava una veloce formazione di alghe. Nubi verdescuro mi assalivano da ogni parte. Mi toglievano la vista, mi soffocavano. Avvertivo un sapore di sangue nella bocca. O forse era la suggestione della vernice rossa che dalla fascia anch'essa si scioglieva, spandendo gocce sanguigne sia su di me che sulle alghe.

Perché mai tutto in quel punto?

Mi ero spinto raramente in profondità. Sempre col terrore di superare il confine di sicurezza. Stavolta la felicità mi spingeva. Il fondale aveva una bianchezza non già di sabbia, ma di un qualcosa che assomigliava al gesso. Mi avvicinavo e il gesso prendeva forma. Costole. Colonne vertebrali. Crani. Mani. La prima somiglianza umana mi venne dai gesti che le conficcavano o le tendevano verso l'alto. Per un'estrema difesa.

Si erano prodotti scoscendimenti, tra i quali rintracciavo sempre nuovi passaggi.

Aumentando la profondità, le forme degli ossami ricordavano progressivamente l'uomo. Affondai in una sostanza untuosa e afferrai il lembo, disfatto ma ancora riconoscibile, di una pelle. Il cumulo si componeva di pelli e la sostanza untuosa era grasso. Per chi conosca le tragedie subacquee, un'altra prova di un massacro. Avevo visto qualcosa di simile nel pieno dell'Oceano, al largo delle Isole Mascarene dove, secoli prima, l'uccello chiamato *dronte* era stato ferocemente sterminato. La grandezza dei resti mi fece pensare ai leoni marini. Sulla testa e sul collo essi portano infatti una criniera che assomiglia a quella del leone terrestre: una volta abbattuti e scuoiati, le carcasse vengono abbandonate sulla spiaggia e le pinne, mummificandosi, sembrano mani.

I labirinti che mi accoglievano mutarono via via questa idea.

La visibilità era perfetta. Una brezza che in queste isole chiamano *in agonia* facilitava al massimo ogni mio movimento. Accerchiai una roccia. Mi trovai di fronte a uno sguardo come dipinto sul bianco osseo. Cominciarono ad avvolgermi occhiate furtive. Mi scrutavano e le scrutavo. Abbracciandosi a una pianta marina, una colonna vertebrale acquistò le forme di una donna. In ginocchio. Il viso rivolto in alto. Mai avevo visto nulla di più sereno. Il pelo acquistava un colore rossiccio. Volava a nube di capelli intorno al cranio. In contrasto con la grazia del corpo. Era assurdo: ma la felicità cresceva.

Sfiorai tante porte chiuse. Oggetti di metallo galleggiavano sopra buchi come fogne. Il paesaggio si completava incessantemente. Questa era una scritta indecifrabile nella roccia. E la roccia aveva la stessa consistenza delle gigantesche ossa. Fu allora che la felicità si accompagnò a un suono solenne. Nel ricordo esso è un pianto, evidentemente creato dalle correnti, con un'eco marina. Ho pensato al disfacimento del cosmo e all'invocazione – udita una volta nella registrazione di un osservatorio – della stella che muore nell'universo.

Una finestra. Mi trovai affacciato.

Un'altra figura si fece intravedere tra luce e tenebra. Era la camera di una ragazza che sedeva e sembrava contemplarsi in un punto d'acqua luccicante, con le movenze, ondulate dalla corrente, che si usano allo specchio. La sua treccia di capelli bruni mi si attorcigliò al collo. Fui costretto a strapparla. Questo gesto richiamò sopra di me un'immagine virile che allargò le braccia. Attraverso la maschera l'acqua mi appariva surriscaldata. Non era, sul fondo, qualcosa simile al rogo?

Seguì lo splendore di una vegetazione selvatica. Poi la tinta del fondale divenne cerulea. Inginocchiato sul pendio, l'uomo più gigantesco che mi fosse mai capitato di incontrare: col suo cappuccio d'alghe, aleggiandogli intorno la veste di sacerdote implorante la superficie del mare. Di fianco a lui, una statuina, un bambino dai capelli biondo grano: anch'esso fisso in preghiera.

Il fondale si biforcò.

Così mi apparve la città.

La distesa dei corpi era enorme. Potevo scorgere, nel mezzo, ruderi di casupole, blocchi quadrati con sopra un altro blocco più piccolo, e larghe finestre. Dominava ogni cosa una costruzione che era evidentemente un luogo di preghiera: la facciata, altissima, fatta insieme di roccia e pietra. I gesti di tutti vi si rivolgevano, supplicando in serenità.

Mi trovavo dunque di fronte a una città di morti.

Era difficile distinguere quanto – di quella distruzione – fosse dipeso dalle tempeste marine che si erano succedute in seguito e quanto invece dal cataclisma che aveva ucciso quegli esseri simili per sembianze all'uomo, ma apparentemente con nulla di umano nella loro materia inorganica.

La superficie marina, sempre più remota, diventava ora la volta di un cielo. Misteriosa e punteggiata di luci. Come la volta notturna che risplende tranquilla sopra un terremoto. La sensazione che ne avevo era di tutte le forze della terra che si fossero scatenate definitivamente. Ad esse andavo. Mi chiamavano. Quasi dovessi anch'io trovare una collocazione in mezzo alle loro creature. Mi aiutavano a trovare il luogo che mi competeva. E mi lasciavo pilotare dalla guglia del luogo sacro. Ogni oscuro disegno che avevo avuto nella mia esistenza, mi ritornava; ma acquistando chiarezza, non mi dava colpa. Tutti i miei desideri, i pentimenti, le sofferenze, le mie testimonianze al dramma umano, li rivedevo: in una sintesi ottica, cioè staccata da qualunque emozione, con la possibilità di un giudizio totalmente sottratto al mio essere uomo.

Il pensiero era uno stato contemplativo, ma biologico. Un'energia inspiegabile lo rendeva tale. Toccavo madri che si abbracciavano a piccoli figli. Guerrieri nell'atto di difendere la soglia delle loro dimore. Amanti rovesciati sul fondale con la spossatezza dell'amore appena fatto. Una bambina curva nel gesto di deporre un fiore sopra un morto.

E il fiore era un'alga dall'inverosimile colore celeste.

Scesi una scaletta. Mi trovai anch'io sul pavimento lastricato del luogo delle preghiere: uno stato di languore mi induceva a contemplare l'alabastro di un altare sopra il quale alghe rugginose davano idea del sangue di una vittima che vi fosse stata sacrificata.

Tutt'intorno, l'esuberanza di altre alghe simili alle acacie in fiore, e poi ai gelsomini, e poi a rose. Ero ormai prigioniero dentro il porticato di archi moreschi. E già mi lasciavo prendere dal sonno, mentre una pace buia più profonda mi predisponeva con le braccia verso l'alto, nella posizione definitiva di quanti mi accoglievano.

Inciampai in un'ancora di pietra ed essa mi si legò al piede.

Nessun movimento mi era più possibile. Riuscivo solo a guardare. Come gli altri sembravano guardare e null'altro. Il grande portale era aperto. Nella luce attonita delle acque, nei colori ultramarini, di indaco, di neve e di smeraldo, fissai a distanza ravvicinata farfalle ossee che avevano il viso di donna, e viceversa, vidi volare lassù un oggetto aureo che si trascinava una lunga coda d'alghe, mutando via via i segnali luminosi dello strano aquilone. Mentre così avevo la certezza di frugare l'infinito, scoprendolo uguale a una giornata tiepida, ebbi l'ultimo pensiero umano.

Mi nacque osservando grappoli di donne, che la corrente spingeva, ma senza poterle staccare dalle tombe dei figli. Stavano come accanto a letti vissuti. Il mio orecchio ne percepiva un sussurro, trasmesso fino a me dal fondo di pietre: vi riconobbi le loro preghiere che avevano la voce delle forze naturali. Ciascuna aveva pianto sulla spalla dell'altra. A vicenda ancora si sostenevano.

Pensai a una vita, che era stata anche mia, affollata di madri che dopo aver taciuto per troppa pena con le esistenze dei figli, ugualmente per troppa pena parlano alle loro ombre, dopo la morte, nei riti del nulla che sostituiscono i familiari e inespressi incontri di allora. Ma nello stesso istante, direi evocata da questo pensiero al centro dell'immensità subacquea che era diventata il mio luogo, spuntò un'ultima figura.

Ebbe dapprima la consistenza delle creature che mi circondavano. Cioè mi sembrò incisa nella roccia lontana e attraversata dalle luci marine. La più timida nell'offrirsi al cielo delle correnti. Le braccia aperte nel gesto della preghiera. Ai piedi la solita coda di alghe.

Quando mi afferrò la mano – solo allora – mi accorsi che era mia figlia.

Muoveva le labbra nello schermo della maschera. Voleva dirmi qualcosa e mi sorrideva. Finalmente divenni consapevole che l'aria mi mancava e che stavo per soffocare. A colpi violenti di pinna mi spostò verso occidente. Staccandomi dalla mia città e riportandomi alla vita degli esseri terreni di cui distinsi per prima cosa il faro di Mykonos, il suo braccio tremava per un terrore che comunque dominava. Come non avevo mai fatto, scoprivo la bellezza già adulta del suo corpo di sedicenne.

Faticava a portarmi in alto. Ma io non potevo aiutarla. Anche quando mi divenne possibile, non feci nulla. Finché i contorni del suo corpo non si dissolsero nel passaggio tra acqua e sole. Nemmeno per un momento avevo temuto che la mia vita corresse pericolo. Ora sì. Mentre l'aria tornava nei miei polmoni e io cadevo sulla sabbia.

Mia figlia si buttò in ginocchio sopra di me.

«Cos'è stato?» le chiesi.

Non mi rispose.

«Esiste?» aggiunsi semplicemente.

«Cosa?»

«Ciò che anche tu hai visto.»

«Io non ho visto nulla.»

«Non è possibile» ripetevo. Ma già col pudore, che in seguito non sarebbe scomparso, di parlare a qualcuno del mio mistero.

Ribadì: «Non esiste nulla».

Eppure non diceva la verità. Ne ero certo.

La fissavo. Mentre, fissandomi a sua volta, mi ascoltava i battiti cardiaci. Non aggiunsi una parola, ma decifrò ogni altra domanda che avrei voluto farle e mi spiegò i fenomeni dell'estate: i loro poteri, quando il caldo si fa equivoco tra realtà e irrealtà, e i poteri non differenti delle profondità marine, di cui conosce ogni segreto.

«Un momento di stanchezza» concluse.

Ma i suoi occhi in quell'istante non erano da creatura di terra e rifiutavano il mondo in cui mi aveva riportato: rividi lo sguardo delle figure sepolte.

Ecco come mi ricordai di una cosa.

Non mi ero voltato indietro. A guardare, lasciandolo, quel luogo.

Poi molte mani mi sollevarono.

Dalla Via Sacra un altoparlante diffondeva l'allarme.

Mia figlia già si distraeva da me e mi dimenticava attraversando la spiaggia verso chi la chiamava. Salì su una barca a motore che si allontanò in direzione del faro di Mykonos.

E io, con la testa rovesciata, vedevo la barca correre capovolta nel cielo, confondendo la scia con le nuvole, e tutto sembrava alzarsi dalla terra e dal mare per inseguirla.

Fu in quel momento che il fenomeno si completò.

Molte domande raggiunsero la mia mente e mai più si sarebbero allontanate.

Quale misterioso potere aveva portato mia figlia a salvarmi, se realmente mi aveva salvato?

Quale connivenza dietro le sue risposte?

Quale modificazione si era prodotta in lei e chi era questa figlia che ora cominciavo a vedere con diversi occhi?

Sottovento. Un orologio d'alto mare scricchiolava sulle sospensioni cardaniche. Non c'era altro suono né altro relitto che risplendesse. Stavano demolendo un cabinato e in mezzo al fasciame di mogano, che sembrava distrutto da una tempesta, l'orologio incorporava il centro di un mondo di cui ricordava, insieme alla fine, quella che ne era stata la funzione di rispondere a un ordine prestabilito.

Qualcosa in cui mi riconoscevo.

Il contenitore di cuoio era rotolato nell'ombra rettangolare che lo strumento proiettava sulla sabbia. Ero stato attratto proprio da questo casuale accostamento di oggetti in una composizione come creata dalla genialità dell'uomo e – fissando il quadrante segnare la sua ora senza tempo contro il vuoto marino, le scogliere e gli alberi in lontananza, i battelli al molo – meditavo sul potere che hanno le cose di interpretare a volte il loro stesso mistero.

Sono salito sopra le rocce e mi sono seduto dove potevo abbracciare l'orizzonte.

Era un pomeriggio di quelli che si ricordano per la bellezza con cui non accade nulla. Ciò mi metteva profondamente in pace con me stesso. Non desideravo che questa pace. Ma avendo, senza ragione, il timore che non mi fosse possibile: perché mai mi ritornava l'inquietudine di quando avevo condotto la barca al punto della città sepolta?

Se ora la solitudine e il silenzio erano assoluti?

Ed ecco che, come allora, una serie di visioni venivano a confermarmela costringendomi a dover decidere sulla verità di alcune cose che si presentavano ai miei occhi, non più con l'attrazione di quelle creature subacquee, bensì con la volgarità di cui sanno essere capaci le creature umane.

Tuttavia, pur mutando la natura della provocazione, questo secondo miraggio riproduceva esattamente il fenomeno di pochi giorni prima dentro il mare. Mi trascinava a una rivelazione che avrebbe avuto un peso definitivo.

Li ho visti quando già erano affiorati. Senza che ne avessi avvistato segno sulle acque. Le loro mute occupavano lo spazio perché diffondevano sulla sabbia ombre assai più vaste e un suono acquoso. Il sole le faceva risplendere. Ho riconosciuto nei due mia figlia ed M.Z. – che la seguiva a qualche passo di distanza – dal modo che ha lei di precederlo e l'altro di lasciarsi condurre, la testa bassa, senza entusiasmo per nulla, con movimenti lenti come i pensieri, e lei invece con la fretta del topo fuori della tana.

Ne ho provato la stessa meraviglia con cui avrei visto emergere due mostri marini soffiando fuoco. Sono arrivati all'altezza dell'orologio. Addentrandosi tra i relitti del cabinato. Cercavano un nascondiglio di terra come si sceglie una grotta durante un'immersione. Chissà perché ho pensato: siamo di nuovo sotto un mare. L'hanno trovato a una decina di metri da dove stavo, con gabbiani a gruppi sparsi, non meno attratti dalla scena che cominciava.

L'avevo chiamato M.Z. per un gioco mentale. Che ora si trasformava nel contrario. Cercherò di spiegare in seguito cosa rappresenta per me un M.Z. Questo è l'ultimo di una serie che mia figlia ha introdotto da noi durante gli ultimi mesi; con un mutamento d'abitudini così repentino che né io né mia moglie abbiamo avuto ancora modo di giudicarlo. Scomparse le amiche anche più affezionate, la nostra casa si è riempita più di atmosfere che di presenze; e in queste atmosfere, come nella luce di certi boschi e campagne prima che scoppi un uragano, ho cominciato ad imbattermi in facce mai viste.

Uomini che mi salutano di malavoglia, quasi fossi io l'intruso. Si perdono per le stanze con qualcosa che assomiglia al complotto. Ogni nuovo ospite sembra, più del precedente, distratto da questi traffici niente affatto comprensibili, e come se avesse una paura o volesse trasmetterla.

Ho scoperto che l'uno vale l'altro. E tutti, forse, il nulla. Hanno l'omogeneità degli insetti. Ecco perché gli ho attribuito le iniziali del mio rifiuto. Quando ancora non mi ponevo il pensiero del modo in cui sono strumenti di mia figlia o è lei un loro strumento.

M.Z. e mia figlia si scrutavano ora attraverso le maschere. Tenevano le maschere abbassate. Non si erano sfilati né i respiratori né le pinne. I pugnali alle cinture. Alzavano e abbassavano le mani cercando qualcosa di complicato da raggiungere, come succede in profondità a causa della pressione; finché non sono riusciti ad aprirsi reciprocamente le lampo delle mute. Allora, da quell'equipaggiamento zigrinato, a neri gialli viola, cosparso per di più dalla secrezione marina che aggiungeva squame d'altri colori, la loro pelle è uscita velocemente come le viscere da due pesci squartati.

Un telo di plastica si è staccato da un capanno adibito a serra ed è volato sulla spiaggia. Attraversando il sole me ne rimandava i raggi e prima di allontanarsi sopra il mare li ha avvolti in uno spazio curvilineo, togliendomeli alla vista.

È ricomparso M.Z. Stava a gambe larghe e saldamente sui piedi. Fatto sgusciare anch'esso dalla muta con il colpo d'occhio del cacciatore che affonda il pollice sotto la testa del pesce appena catturato per accelerarne la fine, un seno nudo stava come amputato sulla sua mano: il destro, poi subito il sinistro. Li stringeva con una forza che mia figlia sopportava senza un lamento, piegando soltanto la testa via via più in basso; e l'altro stringeva di nuovo per ottenere queste reazioni mute e successive che alla fine l'hanno fatta cadere sulle ginocchia. Mi sono sempre chiesto come possano, questi corpi di donna ancora adolescenti, sopportare nel loro segreto tanta brutalità virile.

La nudità di mia figlia non era mai esistita per me. Ci sono cose che esistono sì sotto i nostri occhi, con la massima evidenza e continuità, ma certe illusioni o ipocrisie hanno il potere concreto di oscurarle; perciò mi sembrava di non averla mai vista, nonostante a lei piaccia, specie in queste giornate di mare, spostarsi da una camera all'altra senza avere addosso nemmeno lo slip. Se mi capitava di guardarla, tra la sua nuova nudità e l'altra lontana, della sua infanzia, nella quale mi ero abituato a trattarla da padre, per me non era trascorso neppure un giorno, né intervenuta alcuna modificazione.

Adesso invece lo scoprivo.

Più esattamente, ne subivo la scoperta.

Con il suo imbroglio di mani, da prestigiatore osceno, M.Z. me la faceva apparire obbligandomi ad accettare il fatto che mia figlia di sedici anni è già un essere corrotto e, di conseguenza, a classificare con il linguaggio della volgarità anatomica ogni parte del suo corpo che quelle mani via via denudavano, violentandole con una brutalità crescente.

Oltre che a vedere, mi obbligava a immaginare. Mentre la totale caduta del suono che si era prodotta sul mare e sulla terra, rendeva impotente anche la mia voce; me la portava dalle labbra alla mente, affollandola con le parole del ricordo: ossia mi apparivano momenti bellissimi dell'educazione con cui avevo portato mia figlia fino a quel punto della vita, come se nulla di ciò che vedevo stesse accadendo e in realtà, anziché nascosto tra gli sterpi, riposassi sotto un albero a pensare nella luce di Delo che il fondo ero stato un buon padre.

Pensavo: è osceno che facciano l'amore come lo fanno i pesci. Di muso e di coda. Mentre riconoscevo perfettamente il cerimoniale ittico, dove la bizzarria si accompagna alla crudeltà: mi era capitato di scorgerlo spesso tra i banchi di corallo. Sapevo che la femmina tollera l'assalto del maschio e poi improvvisamente si ribella, ed è lei che assale. Ecco infatti che in mia figlia potevo rivedere la cernia quando dall'anfratto fingeva perplessità per rendere a sua volta perplesso il compagno e ingannarlo quell'attimo sufficiente a rovesciarlo, con un guizzo, sul fianco.

Le posizioni dei corpi si sono invertite. M.Z. è caduto nella sabbia. Sollevava soltanto la testa per osservarsi il ventre mentre gli veniva liberato dalla cintura, dalla torcia, dal pugnale. Egli porta sempre una lama con sé ed è capace di lanciarla con una mira così perfetta che un giorno da molti passi ha inchiodato una lucertola.

Privato del pugnale, era completamente vinto.

Mia figlia gli ha abbracciato i fianchi attirandolo ad affondare, fino a soffocarla. Allora M.Z. ha alzato la mano destra, ma tenendola sospesa con meraviglia; sembrava chiedersi in quale gesto dovesse impiegarla.

E io pensato: il pesce ingoia l'esca con un'avidità suicida; qualunque esca gli diventa contenibile grazie a questa vocazione ad ingoiarla che obbedisce al meccanismo di un'autodistruzione ancestrale. Non diversamente mia figlia si immergeva nella gola la propria esca.

Mi chiedevo quanti mesi fossero passati dalle camminate di un padre che portava per mano una bambina e credeva che tutta la verità che potesse insegnarle stesse nell'avvicinarla al tiglio che sorge, in solitudine, dalla terra rossa con cui hanno coperto il Lago Sacro di Delo; spiegandole che a quel tronco povero di foglie, di fronte al quale il mare conserva una barca millenaria e ugualmente lasciata a ricordare una grande civiltà scomparsa, i pellegrini di molti secoli avevano portato da ogni parte della terra le loro felicità e i loro dolori.

E poi il padre e la bambina si allontanavano dal tiglio e andavano lungo le rive di Delo, di Reneia e di Mykonos, mentre cominciava a scendere la notte attica, alla ricerca delle fontanelle che riproducono ciascuna un loro dio. Le insegnavo come ci si ferma a bere quell'acqua con poteri celesti e come si forma il cavo della mano, per non farne cadere una goccia.

Di fronte alle immagini terrene del divino le insegnavo la genuflessione.

Questa con cui mia figlia stava ricevendo il seme di M.Z.

Quando l'ha staccata da sé e si è allontanato, era di un pallore mortale nell'ovale della muta. Mia figlia è rimasta tranquillamente a segnare la sabbia con un dito. Cosa l'aveva spinta da mondi remoti in cui ero certo che mai avrei potuto discendere a cercarne una qualche ragione?

Ho abbassato gli occhi.

Mi sono accorto del fucile subacqueo che mi stava tra le mani. Puntato dove M.Z. concludeva la violenza subita da mia figlia: per me sacra fino a pochi momenti prima; mentre ora, girando la testa, avrebbe potuto specchiarsi e riconoscersi in quell'orina che scivolava dalla roccia verso di lei.

Il dito si è messo sul grilletto. Sarebbe stato semplice. Avremmo udito un colpo metallico. L'arpione avrebbe attraversato l'aria e si sarebbe piantato netto nella schiena di M.Z. Lui non avrebbe mandato un lamento. Nemmeno mia figlia. È un pesce. Sono due pesci.

Era la prima volta che pensavo di uccidere un uomo.

Mi sono detto: ucciderò M.Z. un giorno.

La polvere delle tempeste si alza lungo il mare.

Sono solo a camminarci.

E solo io mi avvicino alla foresta mentre il sole tramonta. Aspetto. O capisco di essere arrivato tardi.

Spio, comunque.

Tenendomi a distanza, mi regolo dalla loro automobile che abbandonano con le portiere aperte.

Sono un padre che insegue sua figlia sperando che non esista, che siano soltanto le ombre del vento ad apparirgli sulle pietre delle rovine o sui prati gialli di sole, e invece l'ombra subito si riempie di lei che scivola sotto la mano buia di M.Z.

A volte è M.Z. a inginocchiarsi.

Devo farmi forza per non vedermi, nella mia terza ombra rapida a fuggire, come un maniaco.

Si sono gettati anche sul nostro letto matrimoniale, un giorno che credevano deserta la casa. Era di pomeriggio. Hanno chiuso le finestre. Si sono spogliati al buio, rovesciando oggetti che rotolavano per la stanza.

Quando la notte mi sono sdraiato accanto a mia moglie, una macchia raschiata dalle unghie di mia figlia come dalla zampa con cui un gatto si copre le feci, mi si è aperta fredda contro la schiena.

Un segno di M.Z. Che mi ha procurato una nausea immediata.

Mi sono rivestito. Sono andato a respirare il vento marino con mia moglie che mi chiamava dalla finestra senza capire.

E poi accadde che una notte ci trovammo tra le rovine di Kritsà, perché la vacanza stava per finire e mai in tanti anni avevo portato mia moglie e mia figlia a visitare Creta che pure è una mia patria assai più di Delo; qui più che altrove sono disceso sotto la terra che durante questo viaggio sembrava germogliare per una stagione solo sua, obbedendo ai venti e al sole dei misteriosi cieli delle sue rovine: i fiori apparivano piccoli e candidi, ma senza petali, formando una nube che dall'altro lato della strada s'affacciava al mare.

Anche di notte conservano il loro chiarore e qualcuno dice: c'è un incendio dalle parti del mare.

Davanti a questa nube, e sull'ara sacrificale di Kritsà, ballavano l'Hassàpicos.

L'avevano ballato, secoli prima, i macellai di Bisanzio, dopo che anche l'ultima delle bestie squartate crollava sotto il loro coltello, e tutte le strade non erano che montagne sanguinolente di buoi, tori e capretti, su quelle montagne muovendosi qua e là soltanto qualche zoccolo o un occhio che riceveva il raggio del sole così da sembrare più vivo ancora di quando si era girato alla lama tenuta dal boia.

Allora i macellai di Bisanzio tremavano per un freddo che non aveva ragione, poiché il sole picchiava e tutti grondavano di sudore: passava sulle loro bocche un silenzio stupefatto come quello sulle bocche delle bestie macellate; per cui capivano che il freddo era della morte che, a furia di darla, lascia qualcosa di sé.

Per cacciare quel freddo, i macellai cominciavano a muoversi, e poi a dondolare i grandi corpi, ma senza toccarsi, infilandosi i coltelli tra i denti; e fu da questo moto tra le carogne che nacque il ballo che appunto si chiama: *Ballo dei Macellai*.

Sotto la luna che solcava le rovine di Kritsà ho visto giovani greci indossare i costumi insanguinati. Con gesti teatrali si sono messi i coltelli tra i denti. Anche gli orchestrali, sulla pedana a destra dell'ara, facevano lo stesso, mentre mani sconosciute portavano i bacili del sangue e li deponevano accanto alle torce, essendosi spenta ogni luce, per ricordare le strade di Bisanzio che davanti alle botteghe sembravano lastricate di gole, pance e teste tagliate.

Di fronte il pubblico era silenzioso.

Le torce facevano emergere soltanto i profili e io vedevo, puntate come faine, americane con le facce dipinte, qualcuna crudele, altre grottesche: anch'esse, preparandosi al ballo, si mettevano i coltelli tra i denti.

L'orchestrina ha attaccato.

I giovani greci si sono mossi, insegnando i passi, poi dimenticandosi via via di insegnarli, cioè badando a disporre braccia e gambe, ma contemporaneamente proiettandosi in una contemplazione interiore che diventa nostalgia delle cose perdute; e una simile nostalgia passa, come un riflesso condizionato, nelle mani e nei piedi che richiamano, appunto, l'ultimo volo del gabbiano, quando dà il suo addio al cielo, prima di abbattersi sulla spiaggia dove si macerano le penne e si calcificano le ossa di tutti i gabbiani, che fanno dire da lontano ai naviganti inesperti: mai vista sabbia così pura.

L'Hassàpicos è un ballo che d'un tratto fa scomparire sul fondo i ballerini, e tra le torce ecco avanzare qualcuno del pubblico. Infatti, dopo i tre ballerini, è sopravvenuta una torma spettrale, ma anche questa è svanita dentro la notte, portata via dai torpedoni che ruotavano i fari allo jodio.

Sull'ara sono rimaste solo figure il cui ultimo volo da gabbiano non era più curiosità, ma confessione davanti alle rovine: è stato a questo punto che ho visto mia figlia.

Sola.

Nell'ara deserta.

Aveva affondato le mani nel sangue dei bacili e se n'era cosparsa.

Ballava con tale perfezione da incantare i presenti, come se quel sangue fosse stato da sempre sul suo viso, sulle braccia e il petto; e come se la morte di cui tracciava i segni al suono delle musiche, ora più sommesse, tanto che dalla nube dei fiori arrivavano gli altri suoni della notte, fosse il suo più vero elemento.

Abbracciava se stessa con enfasi, e questo stato di beatitudine la portava a toccare nel vuoto qualcosa di un essere invisibile, un suo Dio che si costruiva; e ora, di questo Dio, erano le mani protese alle sue, ora i piedi ai quali si inginocchiava, finché le dita non sono risalite nell'aria: non avendo su di sé che l'idea di quel fallo che saliva contemporaneamente dalle fiamme delle torce, e la portava ad aprirsi la camicetta insanguinata, e le altre cose. In un attimo l'ho vista cambiare. Ora non era più la musica della pace dopo il massacro, di cui tracciava i passi, ma il risveglio della crudeltà che all'improvviso riportava i macellai ad essere macellai sulle piane di sangue della città di Bisanzio.

Una nuova sete di dare morte, per cui essi rientravano con un grido nelle botteghe.

Si è tolta il coltello dai denti ed era felice di stringerlo nel pugno.

Rientrando in macchina verso l'albergo abbiamo visto un'altra macchina parcheggiata a fari spenti a lato della strada.

Mia moglie ha riconosciuto prima di me l'auto di M.Z., ma io sono stato più rapido di lei a vedere quello che stava accadendo dentro i vetri appannati dal fiato.

«Fermati» ha gridato mia moglie.

Ma io ho proseguito.

Per distrarla le ho raccontato di quando ho portato mia figlia bambina in una grotta dell'isola di Reneia, perché le sue mani toccassero un disco simile a quello di Festo, dove dicono stia scritta la verità che tutti ci attende, ma questa scritta nessuno ha potuto ancora decifrarla e forse per sempre resterà indecifrata.

Avevo appena scoperto il disco.

«È stato il mio giorno più bello con lei» ho detto a mia moglie. Quando ho visto le mani della bambina sugli ideogrammi incisi nella roccia: così naturalmente lontane anche dal più piccolo potere di capire la verità e che invece si muovevano alla verità forse più grande.

«Il più bel giorno che lei mi abbia dato. Che mi ripagherà di molti altri giorni.»

È un terzo miraggio.

Una notte di fine settembre.

«Era una mano piccola. Spuntava dal telo con le dita raccolte, le unghie bianche. Per l'esattezza la mano sinistra, sulla quale una fede d'oro brillava. Dapprima non le ho dato importanza. Ma è stata questione di un attimo. Improvvisamente quella mano mi è sembrata gigantesca, e che non esistesse che quella mano.»

Il mio amico Giulio mi ascolta. È il più paziente dei miei amici. Fa il mio stesso lavoro. Ma con spirito opposto. Scava sottoterra come un minatore asfittico. La sua è la più alta vocazione alla luce del sole che abbia conosciuto. Nessuno più di lui, mentre scava in tutte le altre civiltà, crede ciecamente nella civiltà in cui vive.

«Cerca» mi dice «di spiegarmi come e dove è accaduto.»

«Sono superflui sia il come che il dove. Le cose che capitano in questo modo hanno un loro spazio e un loro tempo che può essere persino ridicolo descrivere. Che importanza ha che io ti dica che il ponte di Corso Francia era invaso da automobili ferme? Di solito si corre fino al semaforo. Stavolta si procedeva a passo d'uomo. E la gente protestava. Usciva dalle automobili cercando di capire cosa stesse succedendo nei pressi del semaforo.»

«E allora?»

«Allora anch'io facevo lo stesso. Ho reagito contro uno. Poi ci hanno costretti a rientrare in macchina perché la fila si muoveva. Sotto il semaforo giallo, le automobili riuscivano a passare in mezzo al gruppo della polizia. Una alla volta.»

«Quando hai visto la mano?»

«Diciamo che ho visto gli altri che la vedevano. A terra, sulla sinistra. Le teste uscivano dai finestrini e all'istante rientravano umiliate. Le grida cessavano. La luce gialla spezzava in due la fila, e di qua la fila era furibonda, di là silenziosa. Sembrava seguire un invisibile corteo funebre.»

Giulio assume una stupefazione dolorosa.

«Per me è cominciato da quel momento. Prima di vederla, ripeto. Un presentimento assolutamente ottico. Mi sono accorto che mi isolava dentro irreali colori rossi, un altro suono. Anche il cielo era mutato: limpido. Quando la mia macchina è sfilata davanti alla mano, tutto era perfettamente logico. Scontato direi.»

«E non hai visto la donna che stava sotto il telo?»

Scopro che la disponibilità degli esseri solari – com'è Giulio – può raggiungere estremi limiti di tolleranza.

«No» continuo. «Anche osservando con calma non si sarebbe visto nulla. Il telo ricopriva interamente il corpo; ne usciva un ciuffo di capelli: la mano e quei capelli. Dalla parte destra del telo, intanto, il sangue aveva formato una sacca contro il marciapiede. Nient'altro era visibile, perché sotto il semaforo la polizia costringeva le automobili ad accelerare. Ho toccato l'acceleratore, poi il freno. Ero già nell'altra parte della fila.»

Giulio scuote il capo.

«Non capisco. Continuo a non seguirti.»

«Ho cercato anch'io di fuggire. Ma mi è mancata la forza. Il piede si paralizzava. Non sono riuscito che a girare il volante e ad arrestare la macchina fuori del traffico. Le voci chiarissime, amplificate. Alcune dicevano che si trattava di una donna: non più giovane ma bella, alta. Ha voluto attraversare in quel punto micidiale, dicevano, e l'hanno presa in pieno. È volata in aria. Altri smentivano. Non una donna, una ragazza sui diciotto: alta, sì. Uno ha aggiunto: la conoscevo.»

«Ma cosa ha giustificato...»

Lo interrompo.

«Nulla. Ho alzato la testa. Semplicemente. Ho cercato con gli occhi tra le case, nel lato sinistro di Corso Francia. Le finestre del mio appartamento erano ben visibili dal punto in cui mi trovavo.»

«E allora?»

«Erano buie. Quando da vent'anni, a quell'ora, mia moglie dispone la tavola con estrema puntualità. Non era ammissibile che mia moglie e mia figlia fossero assenti. Dopo cena saremmo usciti. Ci eravamo accordati prima che lasciassi l'ufficio. Le ho immaginate vive, davanti a me. Con la loro somiglianza. Sono entrambe slanciate, e le mani invece piccole; è stato così che la mia mente si è adattata in una condizione illogica che s'impadroniva della logica, a suo capriccio. Adesso ero certo d'aver visto un altro particolare che al contrario i miei occhi avevano saltato: mia figlia con una camicetta bianca e una gonna scura, singhiozzante, che veniva sorretta da uno sconosciuto.»

«Ma tu hai visto tua figlia oppure no?»

«Sì. Posso dire di averla vista. Come posso dire che la mano fuori dal telo mi era familiare. La fede nel dito l'ho messa io vent'anni fa: e mia moglie teneva la mano felicemente verso di me come ora il marciapiede la teneva sospesa sopra il suo sangue. Tra uno dei momenti più belli della mia vita e il nulla mi pare non esista alcuna separazione temporale.»

«Mi stai parlando come un pazzo.»

«Per arrivare da me si attraversa Corso Francia, si sale una stradina privata, si gira ancora a sinistra. Così ho fatto: ho attraversato, ho preso la stradina, ho girato a sinistra. Sono entrato nel mio appartamento.»

Giulio sorride. Ora più che mai non mi crede.

«E l'hai trovato vuoto.»

«Esattamente.»

«Continua.»

«Non ho acceso alcuna luce. Mi sono aggirato per le stanze e nel soggiorno. Circolava il profumo di mia figlia. Un profumo acre. Accentuava anziché smentire la presenza del nulla. Mi sono avvicinato alla vetrata. Dà direttamente sul luogo dell'incidente. Non c'era che l'automobile investitrice rovesciata sul lato della strada: non più il telo, non più il corpo, non più la polizia che prendeva le misure svolgendo il metro bianco. Mi è sembrato di distinguere, nel buio tra le lampade, la macchia più buia del sangue contro il marciapiede. Avevo anche l'impressione che non fosse passato che qualche minuto. Invece tutto era cominciato due ore prima.»

«E nessuno si è fatto vivo per tutto il tempo che sei rimasto nell'appartamento.»

«Assolutamente nessuno. Non saprei dirti quanto tempo mi sono fermato. Non potevo avere un'esatta percezione del tempo. Ho visto la borsetta di mia moglie sopra un tavolino. L'ho presa. Mi sono ricordato di quando, scendendo, l'afferrava con il medesimo gesto. Andava in un negozio della parte opposta a comprare il pane; il pane è la cosa che si dimentica; attraversava correndo in quel preciso punto, con le automobili che la sfioravano, per causa mia, sapendo che tra poco mi sarei seduto a tavola e avrei chiesto del pane.»

«Così tu sei rimasto in casa tua senza fare nulla. Nemmeno una telefonata...»

«Non ne avevo bisogno. Avendo la certezza che ormai la mia vita era distrutta e che gli altri avrebbero potuto darmene solo conferme. Sono uscito dall'appartamento. Prima di chiudermi la porta alle spalle l'ho guardato convinto che, se vi fossi ritornato, lo avrei visto completamente diverso. Sono ritornato sul posto dell'incidente. I Parioli apparivano oltre il ponte esposti alla luna. Una luce che assommava le case e le strade, privandole di prospettiva, e rendeva il luogo come dimenticato da tempo. Mi sono accorto di essere solo. Davanti a me la macchia di sangue si era seccata. Perché mai, dunque, ne sgorgava ancora un filo scintillante? Ha attraversato quei pochi metri. Ha puntato su di me e mi è passato tra le scarpe. Con un brivido, ho lasciato che mi creasse un angolo retto alle spalle. Ero prigioniero di quel filo di sangue che mi avvolgeva, senza riuscire più a muovere un passo in alcuna direzione. Mentre sulle cose tornava a muoversi un vento d'erba con profumi intensamente d'estate.»

«Tutto ciò non è che un ridicolo castello costruito dalla tua fantasia.»

Mi sembra del tutto inutile spiegare a Giulio l'importanza del ridicolo e del castello.

«No» gli rispondo. «Ne vuoi una prova? Telefona a casa mia. Il mio numero lo conosci a memoria.»

«Ecco, a casa tua rispondono. Ed è una voce di donna. Tua moglie o forse tua figlia. Tranquilla, serena. Ascoltala. Prendi il ricevitore. La riconosci?»

«No. Non la riconosco. Questa voce io non l'ho mai udita. Hai fatto male il numero. Avanti, riprovalo.»

«È ridicolo. Tu sei ridicolo.»

«Come vuoi. Ma vedi che il numero era sbagliato. E a casa mia non risponde nessuno. C'è sempre quel silenzio, quel buio.»

II

Non mi accadeva dalle febbri dell'infanzia.

Per due settimane mi sono rifiutato di uscire dal letto. Essere – solo scenicamente – fuori dai doveri della vita. E questa di fare il malato, sapendosi sanissimo, è la scena più perfetta. Una forma di vigliaccheria sublime.

Ti portano da mangiare. Andandosene ti scrutano con un dubbio. Tornano. Ti svegliano di soprassalto. La scusa è di toccarti il polso. Viene il medico. Non riesce a non trovarti malato. Ordina iniezioni. Le pratica. Anch'egli scompare. Torna. Obbedendo alle trame che i sani ordiscono immediatamente tra loro.

Non c'è nemmeno bisogno di dire: sono malato.

Né di altre parole.

L'esclusione si accontenta di questa semplice immagine di un uomo tranquillo in un letto. Serve alla noia degli altri. La vita è affamata d'illusione di catastrofe. Dalla coscienza di beffarla nasce la felicità.

Dopo molti anni sono tornato ad affidarmi completamente nelle mani di mia moglie. Mia figlia, invece, non ha mai messo piede nella stanza. Mi lanciava saluti dalla porta.

Ho prestato più attenzione a molte cose. Al fatto che mia figlia fa andare il giradischi per tutto il giorno. Spesso anche di notte. Mi sembrava normale. Invece ho scoperto che il suo disco preferito non riproduce canzoni, musica sinfonica o lirica, né altra prevedibile melodia.

Mia moglie mi dava una medicina. Le ho chiesto: «Cos'è questa musica?».

Mi ha risposto con noncuranza: «Dei suoni registrati nel profondo del mare».

Mi ha guardato con un viso che non le conoscevo.

«Un capolavoro della tecnica.»

I suoni del disco mi hanno avvolto per tutto il tempo. I primi giorni non riuscivo a collegarne le assonanze. Mi sembravano tra loro inesorabilmente stridenti. C'è voluta una settimana. Via via esse si fondevano al mio orecchio e ne nasceva un'armonia perfetta.

Le ho chiesto: «In quale mare?».

«In tutti gli oceani.»

Mia moglie cadeva addormentata. Mentre la musica aveva un riso remoto o un remoto piangere su di me. O erano tempeste che flagellavano preistoriche regioni. Ponendomi di nuovo tra la realtà e il sogno.

Ero di nuovo là, nel fondo.

Di notte mi rendevo conto che i suoni, che pure colmavano la casa, non potevano disturbare nessuno. Un pudore indecifrabile li tratteneva tra i muri. Si alzavano solo per chi sapeva ascoltarli. Vedevo navi magiche solcare la melodia con grandi scie di schiuma e rintocchi di vele che si scioglievano: andavano verso un sole d'altri pianeti e le conduceva un vento che non era mai corso sulla terra.

Un *pianissimo* di mille vite sepolte.

Un preludio in cui tramontavano stelle che avevano tracciato la rotta a pesci mai visti.

Avvertivo un improvviso profumo. Eppure nella stanza i vasi erano vuoti di fiori. Le finestre ermeticamente chiuse: la paura dell'aria, per la mia malattia. Mi chinavo su mia moglie. Dalla sua pelle, nulla. Anche il profumo veniva dunque da quella musica.

Mi alzavo a sedere sul letto.

«Stai male?»

Lasciavo che la voce assonnata di mia moglie ripetesse le molte domande.

Le rispondevo, alla fine: «No. Sono felice».

Si voltava dall'altra parte: «Sei pazzo».

«Forse.»

Lo ero: udivo le campane marine sciogliersi in un altro *pianissimo*.

Mi addormentavo cercando collegamenti tra la musica terrena che amo e un nuovo *allegro maestoso* che veniva dalla stanza di mia figlia: un *tempo andante*, un largamente cantato dai violini e dai violoncelli invisibili. Un'improvvisa figurazione di flauti e clarinetti. Mozart fanciullo nasceva, nella soavità del disco, con la scena del suo giudizio universale o il suo oratorio scenico. Cherubino si presentava con la sua aria. Ripetevo tra me: «Un desìo ch'io non posso spiegar...». Si spezzava, si estendeva la cadenza. Ripetevo con lui: «Non so più cosa son».

Era notte piena.

Mia figlia scivolò tra la sua camera buia e il salone illuminato. Ho chiesto: «Avrà un'anima?».

«Ma di chi parli?»

Mia moglie mi ha guardato senza sorpresa.

«Parla con le pinne. Anche quando non le ha. Guardala: è come se respirasse con i respiratori. Forse ha un'anima da pesce. Chissà cosa provano, i pesci, di fronte alla bellezza e al dolore.»

«Dormi.»

Ho cercato di dormire. Ma poi ho aggiunto:

«Abbiamo generato un pesce.»

La nostra casa ha una bellissima terrazza.

Vi si ammira tutta Roma, dal centro alle campagne, e ho sempre pensato che doveva essere molto piacevole sedersi lassù specie quando le notti o le albe sono, come queste, di un settembre che fa nascere come un mondo nuovo dai luoghi che abbiamo ogni giorno sotto gli occhi e crediamo di conoscere perfettamente: con alberi mai visti, siepi segrete e stradine rosse. Scegliere una delle tante sedie di metallo e guardare.

Dico che l'ho pensato perché, in realtà, non l'ho mai fatto.

In questa casa ci rimanevo quasi niente. Il tempo di dormire. Perché anche le cene erano frettolose e dopo uscivo di nuovo.

Ora, invece, questa specie di convalescenza che mi ha preso dalla fine della vacanza a Delo, mi porta alle cose che mi appartengono e non ho mai guardato; e mentre in terrazza mi lascio attrarre anche dal minimo dettaglio, capisco che non nascondo nulla di malato, ma al contrario una pigrizia che stana certi affetti e abitudini e arresta la mia disattenzione.

Le scoperte non cessano di sostituirsi l'una all'altra.

Ieri mattina sono salito in terrazza prima del solito. Mia moglie si alza presto, perché ci sono le gabbie degli uccelli d'ogni razza a cui presta molte cure e che la chiamano non appena si fa giorno. E lei accorre, credendo di accudire a un mondo di volatili che le sono affezionati, senza capire che è una maniera di dare ordine al mondo dei suoi pensieri, che sono cinguettanti, graziosi e con i colori di quelle creature che le saltano intorno.

O almeno lo credevo fino a ieri.

Invece l'ho vista che singhiozzava. Al centro.

Un pappagallino le è saltato sulla testa. Poi è caduto sul fondo della terrazza e un vento che trascinava da un parapetto all'altro i gruppi degli uccelli come foglie secche, mi è parso che lo fulminasse. Le due ali scricchiolavano sulla pietra.

Mia moglie si è alzata.

I suoi capelli di un biondo ormai marcio si sono alzati dalla nuca insieme a lei. L'accappatoio si è aperto. Da anni il suo corpo non mi appariva in piena luce: vi ho visto la nudità come una costruzione dagli archi sbilenchi. Una pelle secca. Un pube sfatto. Il silenzio tra noi aumentava. Benché nel vento lei aprisse la bocca volendo dirmi qualcosa, con il viso in tante pieghe profonde: gli occhi che cercavano di resistere alla polvere.

Anch'io tentavo di chiederle cosa stesse accadendo e perché piangesse. Mi sono avvicinato. Allora il vento si è rovesciato rasoterra, spingendo gli uccelli vivi ad alzarsi dalla terrazza. Per un attimo ho avuto la possibilità di distinguere quelli vivi da quelli morti che sono rimasti con le ali larghe sul bianco raggelante. Dieci macchie qua e là.

Gli altri mi hanno circondato a nube. Sono precipitato in una vertigine di rossi, viola, gialli, neri. In un odore di ammoniaca che si sprigionava dai corpi. Dopo, le piume mi ondeggiavano intorno. Mia moglie era ferma al posto di prima. Nulla era mutato. Se non la mano destra nell'atto di porgere il pappagallino ucciso dal vento.

Con questo gesto è uscita dalla terrazza. L'ho seguita. Faticava a scendere le scale. Dalle sue spalle ho capito quanto io l'abbia lasciata invecchiare, senza accorgermi del tempo che l'ha portata a questo punto dalla giovinezza che è l'unica sua età che io abbia realmente posseduto.

Le scale erano buie. I muri attraversati da strisce rugginose. Una luce opaca dai vetri impolverati. Di nuovo non riconoscevo la casa dove ho vissuto. Come stentavo a riconoscere nella donna mia moglie. Com'è possibile – ho pensato – che questa donna sia mia moglie? Una donna finita e sconvolta? Che l'abbia creduta, fino a qualche istante fa, una compagna contenta del suo vivere da formica alla mia ombra?

Mi ritornava la domanda che mi ero fatto su mia figlia il giorno in cui mi aveva portato alla superficie nel mare di Delo.

Cos'è accaduto in lei – mi sono chiesto – da mutarla così senza speranza?

Mi ha avvicinato la mano con il pappagallino morto.

Mi ha domandato: «Dove?».

Mi sono guardato intorno.

Mi ha ripetuto: «Dove?».

Non riuscivo a rispondere nulla.

Ci siamo aggirati per tutta la casa. Così ci siamo accorti che non c'è un posto dove si possa seppellire un pappagallino più caro degli altri.

Ci è sembrato il tempo che due pellegrini stanchi impiegano intorno a un tavolo, guardandosi con amicizia e magari toccandosi le mani in uno dei gesti dell'attesa, prima di riprendere la strada; invece, quando abbiamo finito di parlare, ci siamo accorti che la luce sul tavolo antico era del sole che affonda dentro l'orizzonte; e in quell'oro un po' polveroso, perché il vento attraversava ancora le finestre aperte, il corpo del pappagallino era rimasto esattamente dove lo avevamo deposto.

Ritrovando tra noi le parole, ce lo eravamo dimenticati. Avendolo tuttavia presente. In un punto di noi. Come quando due si confessano, finalmente, e questa confessione muove da qualcosa che è accaduto dentro la realtà, sembrando senza senso, invece ecco che diventa il senso stesso della nostra paura e del nostro dolore.

Il pappagallino s'era sfatto come un cartoccio, in mezzo alla lanugine che si diffondeva dal petto.

Nelle ore di quel giorno, parlando con lei, io avevo capito che non era affatto la semplice compagna dietro la mia spalla, col ruolo del custode di ciò che si manifesta e non si intuisce; bensì l'unica, ora, che potesse capirmi: e dunque le avrei lasciato il passo, convinto che solo mettendomi io dietro la sua spalla avrei potuto vedere quella porta che mi stava aspettando, a un termine, prima di trovarmela chiusa davanti.

Le ho raccontato tutto.

Dal giorno di Delo.

«Aiutami a capire» le ho detto «perché adesso so che qualcosa ci rende simili e vicini in una strada mai percorsa.»

«È il vuoto.»

Dove la vita precipita a un certo punto di se stessa, e può risalire, lasciarselo dietro e dimenticarlo, oppure rimanerne per sempre prigioniera, allora non c'è che una scelta.

Me lo annuncia serenamente.

Siamo in un mercato. Per anni non l'ho accompagnata a fare un acquisto. Mentre ora mi adeguo ad ogni sua abitudine. E mi lascio portare come un suo figlio. Persino tra le casse di frutta e la folla e dentro i negozi con un'arrendevolezza di cui non mi sarei ritenuto capace.

Mi spiega cos'è il vuoto.

A modo suo. Con molte ragioni. E senza un ordine. Ma anche questo disordine di pensieri che vanno per conto loro fa parte di ciò che tenta di spiegarmi. Usando similitudini che vorrebbero essere parabole, cioè un sistema molto materno di semplificarmi le cose che già crede di aver semplificato a se stessa.

Mi parla di una caverna che si forma dal sottosuolo di questa quotidiana terra sulla quale ci siamo sempre mossi con sicurezza, e subito ce la vediamo davanti e non abbiamo nemmeno il tempo di riflettere che già siamo precipitati: consegue da un assestamento di energie che si sono liberate dopo lunga repressione. Questo vuoto elabora – secondo lei – una serie di visioni che riproducono il passato, anticipano il futuro, e vorrebbero farci credere che la vita è questa. Reale come l'altra. Ma non sono che inganni. Nostalgie della vita.

Ascoltare mia moglie di nuovo mi affascina. Ha la capacità di ridurre le situazioni a immagini, una fantasia elementare ma fervida che si nutre di ciò che osserva nella natura. È convinta che tormentarsi non serva e sia necessario guardare come vive una pianta, un uccello, perché essi possono insegnarci che ogni esistenza segue una rotta alla quale è inutile inventare fughe.

Bisogna accettarla per quello che è. Anche quando, come ora, non sembra più visibile. Riapparirà.

In questo vuoto, dice, è caduta prima di me. Perciò è in grado, se non altro, di aiutarmi ad accettarlo. Molti fenomeni, simili a quello che le ho descritto, si produrranno ancora e ciascuno avrà un suo significato. Io imparerò a comprenderlo. Che significato hanno per esempio – e vorrebbe che già le rispondessi – le visioni prigioniere di quella che chiama caverna, che mi va descrivendo come se mi raccontasse un fatto qualunque, con la sua bizzarria da moglie volatile a cui gli uccelli delle sue gabbie devono aver trasmesso i loro sorprendenti linguaggi?

Nella nuova confidenza che è nata tra noi, capisco che il passare degli anni ha affinato la sua piccola genialità visionaria.

A chi non lo conosce, continua, e ne soffre la sconosciuta malattia, il vuoto può apparire la fine della logica, mentre non ne è che una momentanea caduta o contraddizione; prendendo sempre per buona la sua similitudine, esso cerca di colmare la caverna, di ricongiungerne le pareti, come chi si trovi a rimettere insieme a mente fredda le parti spezzate di un oggetto che ha distrutto in un momento di rabbia.

Il vuoto aspira dunque al ripristinarsi della normalità. Perciò è una malattia che spesso guarisce. Non sempre porta al nulla: e il nulla ha ben peggiori enigmi.

Mi ripete:

«Vieni.»

Ancora la seguo.

Camminiamo per Roma. Non m'importa che quanto mi va spiegando siano suoi capricci: se mi si addicano oppure no. Ciò che mi piace è che mi guidi come un passero traccia al cacciatore piste insensate sulla neve, dandomi l'illusione d'essere diventato senza responsabilità in questa cosa improvvisamente diversa che mi sembra la vita.

Lungo una siepe – ora – che ha dei grandi fiori rossi. Lei vede, alla base, una bambina che siede sull'erba. Sembra che dorma. In realtà prende il sole ad occhi chiusi. Il suo volto estatico e la sua solitudine sono paradossalmente da adulta.

Ci sediamo di fronte a lei. Ne imitiamo la posizione. Il caldo del sole scende nella pelle e oltre, come in fondo al pensare; eppure non riesce a cancellarci il nostro freddo. Mia moglie indica la bambina:

«Toccale le mani.»

Mi alzo. Tocco le piccole mani. Posate sopra la veste dove il sole scotta, sono gelide. Non capisco come mia moglie abbia potuto intuire, a distanza, questo freddo innaturale che ci è comune.

Sorride. Mi sta dimostrando che basta un nulla all'identificazione e che ciò che lei chiama vuoto porta a trovare impensabili connivenze e magari a inventarle. È una legittimità del paradosso in cui sta la prova che non esiste alcun criterio definitivo della verità.

La bambina, dunque, è il primo trucco di questo gioco di prestigio che adesso facciamo insieme e che un giorno continuerò da solo.

Ce ne andiamo da lei. Voltandole le spalle, il suo ridere che ci insegue lo immagino davvero da daino che esca dal mare o da medusa che voli nell'aria. Poi ci troviamo a comprare dei giornali. Ci sediamo a leggerli in un parco. Come due vecchi. Sfogliamo le pagine con molta attenzione. Non troviamo nulla. O meglio i drammi del mondo non ci trasmettono alcuna sollecitazione. Potrebbe accadere qualunque cosa di fronte a noi e ci avrebbe testimoni indifferenti.

È ancora il vuoto, conclude mia moglie.

Ci guardiamo con due facce bianche.

Sorridenti per inerzia.

Solidali nel niente.

Parlandomi del vuoto ricorre anche a storie reali. Mi racconta un episodio della sua vita. Il primo del genere da quando la conosco. Mai mi ha interessato ciò che lei è stata.

Mi descrive un prigioniero diretto al lager di Belsen, che si fermò a guardarla prima di scomparire nel carro bestiame. Aveva negli occhi la nostalgia che – vivo, ma ormai certo della morte – già provava per i vivi.

«Era un vecchio ebreo. Un amico di mio padre. Mi aveva portato spesso a passeggiare con lui e il suo cane in mezzo ai campi. È un caldo che fa storcere le candele in chiesa, ripeteva. Era infatti una grande estate.

«Quando andavo a trovarlo nella sua casa, mi avvicinava delle conchiglie all'orecchio. Alla prima diceva: "Qui il suono è grande perché il mare era immenso. Solo mare... Ascolta". Mi immaginavo il nulla prima della creazione.

«Il vecchio ebreo continuava:

«"È il suono delle origini del mondo. Senti? È sereno. Perché Dio era sereno quando cominciò a pensare all'uomo."

«Estraeva le altre conchiglie da un armadietto a vetri. Con rapidi gesti, sempre gli stessi, le sostituiva al mio ascolto: "Qui invece Dio è già triste. È una conchiglia di milioni di anni dopo".

«E ancora:

«"Qui c'è già dolore."

«E ancora:

«"E qui Dio è furente."

«Imparavo così il cammino dell'uomo.

«Puntavo il dito sulla prima conchiglia che riluceva sul tavolo.

«"Che nome ha?"

«Il vecchio ebreo l'accarezzava sorridendo e me ne diceva il nome.

«"E questa?"

«"Turris Babilonia. Essa viene da una terra dove milioni di schiavi continueranno a morire nelle risaie."

«"E questa?"

«"È di un'isola che si chiama Pasqua" rispondeva diventando sempre più felice e assente nella sua pazienza. "L'unico posto dove la verità stia scritta su gigantesche statue monolitiche. Ma gli uomini non la decifreranno." Sollevava lui stesso la quarta conchiglia e la teneva alla luce della finestra: "Umbilia... Di un continente che si chiama Australia".

«Così imparavo anche i nomi del mondo.

«"Io sono stato in tutti questi paesi" concludeva il vecchio. Ma non era semplicemente per insegnarmi il cammino dell'uomo e i luoghi della terra (lui che più tardi mi avrebbe spinto all'ascolto degli spari intorno, commentando con uno sguardo al cielo: "Non c'è più l'uomo. E anche la terra è bruciata e perduta. Nemmeno più un volo d'uccelli, guarda"); cercava piuttosto di convincermi, o di convincere se stesso attraverso la mia innocenza, che il vuoto non esiste, perché anche là dove nulla è visibile e nulla sembra operare per dare un qualunque segno di sé, è sempre la storia di qualcosa di creato a trasmettere la propria bellezza.

«Diceva appunto: "Il vuoto non esiste".

«Era una sua illusione.

«Quel giorno infatti – mentre ci venivamo incontro per caso, subito dopo il suo arresto – indagava ansiosamente nel mio corpo di bambina e io non capivo perché. Poi la sua destra attraversò l'aria. Fu un gesto a malincuore, un dialogo breve e gestuale tra me e le sue dita che sciolsero il fiocco che portavo in testa. Se ne andò lasciando pendere il nastro lungo la gamba: ed era nient'altro che un simbolo visivo del vuoto disperato a cui cercava di dare almeno la presenza di un nastro infantile e in cui stava sprofondando per sempre.

45

«Feci alcuni passi per raggiungerlo.

«Ma era scomparso.

«I soldati avevano sprangato alle sue spalle la porta del carro. Il convoglio si mosse. Sfilò via. Fu lontano, dietro la curva. Allora mi accorsi di una macchia rossa, simile a un fiore decomposto, in mezzo ai binari. La raggiunsi. Era il mio nastro, di cui il prigioniero si era già liberato. Gli era servito semplicemente per quel rapporto di addio tra il suo vuoto e il vuoto di un'umanità che, religiosamente, aveva racchiuso nel più insignificante degli esseri viventi: una bambina sola, capitata per caso sulla sua strada.

«Raccolsi il nastro.

«Mentre lo stringevo nella mano e scrutavo nella solitudine dei binari, mi pareva che il vuoto, come una divinità, avesse spopolato la terra.»

Questo è un altro mattino. E Minosse infila il muso dalla porta.

È il mio cane. Apparentemente comune. Senza razza.

Mia moglie lo vede e mi dice che il vuoto cerca e produce anche una sua felicità.

Mi spiega che, mentre io ero assente o non me ne accorgevo, lei è riuscita a imparare il linguaggio di Minosse, cioè il suo segreto che io credevo d'essere l'unico a conoscere. Questo linguaggio mi aiuterà molto e dovrò lasciare che mi conduca.

Ha imparato come la fissità del cane insegua pensieri umani allorché punta oggetti con una particolare funzione: sia il mucchio di fogli scritti che sta sul mio tavolo o i miei reperti micenei o una fotografia più cara delle altre a me e a mia moglie. Subito Minosse diventa una creatura onnisciente che medita sui fogli, rivede se stessa nei reperti, ricorda sulla fotografia. Lo stesso gli accade – dietro le vetrate del mio studio – contemplando queste sere d'inverno. Una stella che appare può dilatargli gli occhi in mezzo al pelo: infondergli una felicità improvvisa, che si fa visibile come la luce delle lucciole. Se il vento è carezzevole, lo induce a sogni di un benessere che mia moglie non esita a definire spirituale.

Si lascia attrarre dalla luna. Gli stormi che passano in volo portano via dal suo sguardo chissà quali nostalgie.

Tutti i cani che sono cresciuti in cattività dispongono di un simile potere contemplativo che equivale a una coscienza. E mia moglie è arrivata a capirlo.

A identificarsi.

Ad eccezione di lei, nessuno sa nulla di Minosse.

Soltanto che l'ho portato da un mio viaggio e che da due anni non mi abbandona. E sono l'unico che riesca a distrarlo.

III

Il nome di Minosse dipende dal luogo misterioso in cui ci siamo conosciuti.

Un'estate di tre anni fa. A Creta.

Mi allontanavo in automobile dalla collina di Kefala, lasciandomi alle spalle le rovine di Cnosso. Il carcere mi è apparso in prossimità del mare. Da lontano mi ha dato l'idea di un'altra rovina deserta, che non avevo mai visto dentro una vegetazione a fiori dalla forma inconsueta; ma l'ultima curva della strada si affacciava su un cortile pieno di vecchi rinchiusi.

Stavano immobili nei cappotti o nei pigiama, le mani dietro la schiena, in silenzio. Prendevano il sole in attesa del pasto. Ad un centinaio di metri, verso oriente, piccole bandiere segnaletiche disposte tutt'intorno a buche da cui emergevano pale e torri di qualche metro d'altezza, indicavano che ci si trovava in una zona di scavi e che quelle in effetti erano rovine micenee, ma adibite a prigione.

Mai avevo provato una sensazione simile. Come se quella terra avesse restituito, accanto ai perimetri e ai banchi di pietra, le ombre dei suoi antichi abitatori. Scesi dalla macchina e mi avviai a piedi. Scoprivo, sempre di più, che non esisteva differenza tra i gruppi nel cortile e quelli dell'Età del bronzo, i quali anzi apparivano con una loro allegrezza, perché le bandierine sventolavano incessantemente ed erano di tutti i colori.

Avevo ancora negli occhi il cimitero appartenente alla città di Minosse e la struttura, identica, della collina di Zafer Papoura;

la prigione se ne distingueva per il filo spinato e le reti metalliche che la circondavano da ogni lato. Prima della porta, col corpo di guardia, un cartello giallo a lettere nere avvertiva che vi erano detenuti i sovversivi vecchi, che l'età aveva trasformato in reietti innocui; la parola esatta era: *degenerati*.

Aggirai le mura. La mia sorpresa cresceva continuamente. Possibile che scoprissi solo ora, attraverso le grate, quel magazzino delle grandi giare, le sale del bacino lustrale, la strada reale lastricata tra resti di case? Se forti raffiche di vento non avessero fatto sbattere ai pali molte bandiere di oggi, attraendo da diversi punti la mia attenzione, e non avessi udito uscire dalle celle a livello del terreno i lamenti dei detenuti senza possibilità di passeggiata, non sarei riuscito ad allontanare da me il pensiero di un incubo. A lato di un secondo ingresso, lessi sulla pietra parole di Albert Camus, che conoscevo: «Migliaia di reticolati di campi e di galere non bastano ad oscurare la dignità di questa nostra deposizione».

Nessuno aveva cancellato la scritta.

La prossimità della fine – mi venne spiegato più tardi – consentiva ai vecchi qualunque sfogo. Dalle grate cominciarono ad affacciarsi maschere scarne e allucinate che potevano praticamente specchiarsi nelle maschere sublimi degli scavi di fronte a loro.

Non so chi mi introdusse.

Ricordo che mi trovai tra celle occupate da molte persone, in corridoi lastricati da facce confuse, una sostanza umana come argilla, coperta di stracci. Incastrato sotto una lampada d'angolo, vidi un cieco. Penetrai in una galleria più grande. L'erba colmava gli interstizi e gli squarci. C'erano sul fondo mucchi di giornali, pozze d'acqua. E, all'altezza della mia testa, vibrazioni simili a quelle delle campane. Procedevo tra disegni di spirali, di foglie e di polipi, tracciati con una vernice scura sulla superficie rossiccia, ideogrammi e affreschi con teste di cavallo. La prigione era stata davvero ricavata da una residenza micenea.

Finché non mi trovai in una cella che sembrava deserta; nel braccio riservato ai detenuti che non prendevano aria in nessuna ora del giorno. Abituandosi i miei occhi, ecco un vecchio che sedeva sotto la grata, solo.

Ancora oggi mi chiedo chi mi spiegò la sua tragedia.

L'avevano trascinato per tutte le prigioni della Grecia, fino a quella più blanda e tremenda insieme, non esistendo dopo più passaggi, se non al campo delimitato dalle canne, abitato dalle folaghe, con una luce che assomigliava all'alba e non era che acqua stagnante a ridosso della spianata terrosa: i pensieri sulla corruzione della vita cui era stata data un'ultima raffigurazione con barche schiantate, gli scafi in aria, sotto il recinto con una croce, oltre il quale c'era l'infinito col suo silenzio.

Tutti pensavano che fosse già morto in una delle galere. Un eroe morto. Soltanto le sue scarpe sbucavano nella luce, come un occhio sul pavimento, di un sole a lui costantemente invisibile. Fuggirono nel buio. Per un istante, di lui tornai a non vedere nulla. Quindi affiorò il muso bianco del cane. Il vecchio lo teneva disteso sulle ginocchia. La bestia sembrava morta e lui la contemplava con le mani alzate appena sopra il pelo. Senza dolore, con riflessione.

Il cane guardava in direzione dell'entrata. Cioè anche verso di me. Ma i suoi occhi mi ignoravano. Il prigioniero era nel suo buio, io nel mio: l'occhio luminoso che ci divideva si andava riducendo. Cominciammo a parlare.

Quest'uomo non può essere vivo, mi ripetevo, quest'uomo è stato vivo dentro i millenni, quando il sottosuolo era una città che viveva.

Eppure mi spiegava sorridendo che il sole ora transitava in un letto di nubi. Illuminava pescatori fermi nelle barche, vecchi anch'essi, i quali inseguivano la speranza di una pesca nei ristagni preistorici. Tra poco sarebbe caduto a picco sulle guardie e sul frastuono di tamburi con cui salutavano il mezzogiorno. Per affondare, infine, tra le rovine di Cnosso. Sapeva tutto ciò esattamente, anche se non vedeva mai, oltre al sole, i pescatori o le guardie del cortile o le rovine di Cnosso.

Disse: «Le cose hanno una loro fatalità. Si tratta di capire questa fatalità. Poi la vita diventa visibile anche dal buio più profondo».

Parlava da uomo colto. Che aveva conservato lucidità mentale. La sua voce, debole di suono, era spiritualmente forte.

Accennammo a poeti e a pittori. Uscì il nome di Andreas

Paul Weber. Il vecchio gli era diventato amico durante la guerra mondiale e l'aveva seguito in un viaggio in Belgio e in Olanda. Mi chiese se conoscevo i *Quadri britannici*; le illustrazioni per *Hitler, un destino tedesco*, di Ernst Niekisch; e l'allegoria «Possibile? Non potrei più fare ciò che mi piace? Non più tornare indietro se lo volessi?».

«Schiller» disse tristemente. «La morte di Wallenstein.»

Avevo l'impressione che egli stesse parlando attraverso i pensieri che occupavano la mia mente, le immagini che quel luogo mi suggeriva. Eppure egli non dialogava con me. Io non esistevo. Seguiva i ragionamenti abituali alla sua solitudine e li rifaceva ad alta voce. Gli chiesi in che modo fosse riuscito a vedere, non tanto i *Quadri britannici*, quanto le illustrazioni per Niekisch e per Schiller. Ma non mi rispose. La sua unica necessità restava provare a se stesso che l'esistenza, solo cranica, delle sue memorie e meditazioni aveva il potere di attraversare concretamente quella cella che rappresentava per lui il silenzio cosmico.

Fui dunque sorpreso, in un mio momento di distrazione, di vedermi toccare dalla sua mano. Parlava ora di animali. Diceva che in prigione ci vuole sempre qualcosa che mantenga in vita. Gli animali mantengono in vita. Purché si capisca e si accresca questo loro potere. Allora, nel chiuso di una cella, l'uomo opera in sé un'identificazione che impedisce ad alcuni terrori di degenerare in follia. Fissa e assimila l'animale. Diventa un po' come lui. Nella normalità dell'esistenza accade il contrario. È l'animale che fissa l'uomo e lo assimila nel carattere e nelle abitudini.

Il vecchio aveva sempre avuto cani. Essi insegnano come si possa vivere di trasalimenti, di cose che accadono lontano e i cui profumi passano le mura, arrivando dalla vita degli uomini liberi.

Le sue mani sollevarono il cane. Me lo consegnarono.

Mi trovai il piccolo corpo caldo sulle ginocchia. Era l'ultimo – specificò – di una razza di bastardi da galera, che hanno quella missione senza che nessuno lo sappia e lo avevano accompagnato in tutte le prigioni della Grecia.

Disse: «È giovane, ma malato. Non voglio che muoia qui. Lo

porti fuori e lo lasci andare. Andrà a morirsene da solo. Come meglio vorrà».

Aggiunse:

«I cani da galera in libertà non vivono. Dove vivono, non c'è libertà. Lo dice anche uno dei nostri proverbi.» Sorrise: «La vita di fuori è troppo complicata. O la si impara subito o non la si impara più».

Portai via il cane.

Mi fece strada attraverso i tamburi che battevano il mezzogiorno. Sfiorò il fondo dei calzoni della guardia militare, tenendo la testa come l'avrebbe tenuta il vecchio, se gli avessero dato libertà in quel giorno. Cioè bassa a terra, pesandovi tutte le cose che vi erano morte durante molti anni. Ma poi rialzandola improvvisamente. Come fiorisce un rancore purificato dal tempo.

Il comandante della guardia fece segno. I tamburi raggiunsero il massimo.

Il cane restò fermo finché il rullo non cessò. Poi prese dietro il camposanto. Era quasi impossibile procedere a causa delle barche distrutte e delle palafitte allineate.

Io lo guidai verso il mare. Meditavo di abbandonarlo qui, ma subito immaginai la sua agonia tra le sontuose rovine. Mi sedetti davanti a un sarcofago dipinto. Pensavo che il cane si sarebbe allontanato spontaneamente. Invece, pur mantenendo la sua aria distratta da me, mi aspettò con pazienza. Io alzavo gli occhi e leggevo la scritta che indicava Cnosso: «Nell'ultima decade del secolo XV, un giorno di primavera, quando un forte vento del sud soffiava e portava le fiamme dei raggi ardenti verso nord, Cnosso cadde».

Il cane non guardava niente, se non il vuoto.

Contro l'orizzonte alcuni trattori stavano arando e decine di gabbiani erano sparsi sulla terra come gessetti bianchi. Lo spettacolo sembrò interessare anche lui: gli occhi luccicanti al sole che finalmente vedeva e riconosceva nel cielo, le orecchie tese al vento.

Un lontano colpo di fucile lo fece arretrare.

Proseguimmo dove l'erba del promontorio era alta.

Io, a momenti, guidavo lui.

Lui, a momenti, guidava me.

Fino a notte esplorammo nel maestrale che inclinava gli scafi. Via via i nostri occhi diventavano simili. Con dolcezza e in silenzio il cane cominciava a pensare con me e io, per la prima volta, ebbi un suo stesso trasalimento.

Fu allora che gli diedi il nome di Minosse.

E questa è una mattina di due anni dopo. Ho trovato una notizia nel giornale, sotto una piccola fotografia. Il vecchio prigioniero è morto a Creta. Non ho avuto la forza di togliermi il giornale dalle ginocchia. Nemmeno quando Minosse, misteriosamente attratto, è venuto ad accucciarsi ai miei piedi. Mi sono tornate le parole del vecchio: «... accade il contrario nella vita normale. Allora è l'animale che fissa l'uomo e lo assimila». Cosa prendeva da me, Minosse, in quel momento? L'ho visto tremare. Ha cominciato a lamentarsi, col muso tra le mie scarpe.

«Non lo senti, quel cane?» mi ha invitato mia moglie dall'altra stanza. «Portalo fuori.»

Sono uscito e mi sono portato il cane sopravvissuto nella civiltà degli uomini: andava lentamente lungo il filo del marciapiede per non intralciare il cammino della gente. Poi si è fermato. Si è distratto in un punto dell'aria.

Ha preso il sole della mattina ai piedi di un albero.

Forse era un cane che capiva come qualcosa fosse accaduto da un'altra parte del cielo. O forse era l'uomo rimasto in lui che tornava a respirare nel verde del campo e a godersi il sole.

IV

Credevo che questa mia storia, cominciata con un silenzio dentro il mare e col moto di mia figlia spinta verso di me da tutte le forze nel cui potere non riusciamo a guardare se non con la memoria e il presagio, sarebbe ora continuata nel silenzio di due compagni di strada rassegnati a farsi coraggio, pur non avendo più paura della realtà.

E credevo anche che mia figlia, distratta dalle cabale dei suoi M.Z., ne sarebbe rimasta esclusa: da parte mia, immaginavo che le stesse forze la richiamassero indietro – al punto dove mi era apparsa nella profondità marina – come si fanno tornare su se stesse le scene di un filmato, riportandole al momento dell'inizio.

Solo quel momento mi sembrava vero: con il mio far parte della città sepolta.

A ciò che avevo registrato dopo, riuscivo a non dare corpo; mi convincevo addirittura di non esserne stato testimone; illudendomi che innocue fossero anche le cabale degli M.Z.

Invece il silenzio è cessato un mattino di questi. E i colpi che l'hanno dissolto sappiamo che non cesseranno. Così come abbiamo la certezza che nostra figlia è stata davvero protagonista, nei miei confronti, sia di meraviglie che di momenti ripugnanti. E che continuerà ad esserlo. Per un tempo che è impossibile calcolare.

Non ne siamo che all'inizio.

Stavo sognando quei colpi.

O meglio quei colpi, cominciando a inseguirsi nella casa, avevano dato forma al sogno. C'era un campo immenso di fronte a me, e sul campo un muro. Dapprima lontano: un quadrato bianco che avanzava, assai più rapido dei miei passi, con la stessa velocità con cui mia figlia si era avvicinata dall'orizzonte marino.

E subito ero lì, che non potevo più muovere in avanti né le mani né le gambe, solo appoggiarmi al muro che mi dominava dalla sua altezza: di quelli che sbarrano all'uomo non solo il passo, ma la vita stessa, contro i quali si fucila e si lascia poi che i corpi crepino al sole.

Eppure mi sentivo libero, felice.

E dicevo: fate presto, se io finalmente sono giunto dove dovevo, e sono contento di scoprire che ad aspettarmi non c'è nessuna delle creature pietose che avevo immaginato con la mia fantasia ammaestrata alla misericordia, ma solo un muro, il più spettrale. Purché facciate presto.

Dite solo a mia moglie e a mia figlia...

E qui ho cercato di capire le parole estreme che dettavo per loro, eppure non riuscivo a udirle, perché tra i miei orecchi e il mio pronunciarle già crescevano i fucili ad arpione, che potevano anche essere i tamburi che rullano precedendo le esecuzioni.

Dite, ripetevo, dite...

Poi ho visto, senza voltarmi, dall'ombra di un braccio che si alzava sul muro accecante, che il capo del plotone dava l'ordine dell'esecuzione sommaria; e nemmeno i componenti del plotone riuscivo a vederli, se non nelle ombre tracciate con il zig-zag delle folgori, che erano davvero i loro profili mostruosi di creature non esistenti sulla terra, ma altrove, sul fondo del mare.

Udivo perdersi alle mie spalle i passi che avevo amato.

Dite, gridavo...

Dite, riuscivo ancora a pensare.

Quand'ecco che qualcosa seguiva all'ordine di fuoco. Ed erano – stagliati e senza più eco – i colpi d'arpione.

Ero sveglio. Seduto nel mio letto. E potevo riconoscerli, mentre risuonavano realmente dentro la mia casa.

Mentre accorrevo in terrazza – quel grido di donna che non riuscivo a identificare – ho visto dondolare lo *Squalo Nero*. Il muso acuto in senso verticale puntava alla vetrata dal sole nascente: i denti triangolari, a lama, sembravano divorare i fiori disseminati e il vento lo allontanava, e di nuovo lo affondava.

Gli arpioni mi guidavano con il loro abbattersi contro il marmo, i vetri, il legno.

E più salivo, più altri occhi dondolavano su di me, i pesci colmando via via il cielo e dandomi idea che durante la notte il mare avesse ingoiato la terra.

Sono entrato nella terrazza e, prima ancora di rendermi conto di ciò che stava accadendo, mia moglie mi è apparsa alla base del parapetto, riproducendo il mio stare di poc'anzi dentro il sogno: quel parapetto era il muro, e io mia moglie che cercava di mettersi in salvo. Gli arpioni le passavano a un metro dalla testa e, scagliati indietro, cadevano tra le sue mani.

L'ho sollevata e portata fuori. Dopo averla lasciata sulle scale, sono rientrato chiudendomi la vetrata alle spalle; e finalmente guardavo, con la calma che nasce dall'ira, quando l'ira nasce della paura.

Mia figlia stava al parapetto di destra.

Indossava una vestaglia con i colori del pesce che le sfiorava la testa dondolando da una sbarra con un lungo filo: a differenza degli altri pesci, nessun colpo ne aveva ancora squarciato l'azzurro intenso del dorso.

Dalla parte opposta M.Z. Ubriaco. Anche lui, come mia figlia, stringeva il fucile subacqueo a grande potenza di tiro.

I due mi guardavano, si guardavano, ridevano.

Ed ecco che M.Z. improvvisamente le voltava le spalle. Verso di me, e mi insultava; ha mosso il fucile sulla sinistra con il gesto secco di un soldato che stani il nemico, per dirmi che dovevo spostarmi dalla vetrata e mettermi al centro, e mi indicava più indietro, più indietro, bene in evidenza.

Per obbedire ad M.Z. sono stato costretto ad alzare la testa, accorgendomi così che mi stavo collocando sotto molte sagome lignee di pesci che i fili tenevano appesi ad altrettante sbarre qua e là; qualcuno riuscivo a riconoscerlo, perché ormai mia figlia non si circonda che di pubblicazioni sugli abitatori del mare, che poi dissemina per casa. Questo era il *Pesce istrice*, il cui occhio è rimbalzato nella coda quando l'arpione l'ha centrato, con una fuga per l'aria di piastre cornee ed aculei. E questo il *Pesce palla*, dal cui dorso giallo pendevano già tre arpioni.

Le sagome a marionetta contro il cielo erano molto più grandi del naturale. E ai due bastava prendere sbrigativamente la mira per fare centro.

Non si concedevano tregua.

Alzavano, caricavano, mandavano a segno. E daccapo. Le fessure branchiali, il punto più vulnerabile dello *Squalo Nero*, grondavano d'arpioni.

Mia figlia dimostrava una mira ancora più perfetta di M.Z. Forse perché era più lucida, pur apparendo anch'essa disfatta, con i segni di una notte insonne: puntava con la concentrazione di un giustiziere.

Chi stava per essere giustiziato ero io.

Bersaglio ora più esposto di qualunque altro. Fermo. Perché me lo diceva M.Z. Soprattutto perché ero io a volerlo.

Dietro i vetri, mia moglie assisteva alla scena non capivo se spaventata o attratta, da farfalla contro il globo incandescente di una lampada; non riuscivo a darmi altra forma di difesa, se non il pensare a una farfalla libera in cielo come le sagome dei pesci, poi all'istante bruciata.

Mia figlia sparava pensando. E pensava di sparare a me, non c'era dubbio, o meglio a qualcosa di mio, pur senza ancora abbassare il fucile di quel poco che sarebbe bastato, declamando come se uno dei suoi libri le stesse aperto davanti:

«*Betta Splendens* o *Pesce stupidamente combattente...*»

E poi:

«*Pesce porco*. Oceano Atlantico. Indiano. Articolazione della mascella completa. Pinna dorsale a tre aculei. Le ventrali mancano. Disegno vistoso di cui si compiace. Denti robusti a forma di scalpello. Frantuma e ingoia anche il corallo.»

E ancora:

«*Gurami che bacia*. Isole della Sonda. Deve il suo nome all'abitudine d'afferrarsi a qualunque altro pesce con la bocca, come se lo baciasse, così sembrando un grandissimo amatore. Invece si tratta di scontri tra rivali.»

Girava ogni volta la testa dalla mia parte.

«*Pesce sacerdote*. Ha dovunque un suo Dio sepolto e s'intana ad adorarlo.»

«*Pesce poeta*!»

L'arpione si è spezzato nel legno: come un grido umano.

«*Pesce piagnone*!»

Era un crescendo. Ho provato pena per la dolcissima *Leccia*, dal corpo aerodinamicamente perfetto, costruito per corse d'altura, di un rosa trasparente, che resta vittima anche del cacciatore più inesperto.

Fissandomi, mia figlia ha esclamato:

«*Pesce dottore blu*. Zabrasoma xanthurus. Colorazione del corpo blu scuro. Bianco sul capo. Appena si abitua all'acquario si dimostra vorace, con predilezione per cibo vivo: molluschi, larve. Li ingoia. Li richiama tra i denti. Non si decide a liberarsene.»

Vedevo le superfici espandersi di fronte a me da un punto prospettico dove mai mi ero posto, che mi immergeva nel vuoto; e di là ascoltavo come se fossi io, non mia figlia, ad elencare con voce ferma le ragioni degli spari: questa voce – pensavo – non è la sua, io non la riconosco.

È il sogno che continua, mi sono detto, non è cambiato che il sistema dell'esecuzione, perché fra poco M.Z. mi centrerà col suo arpione, già lo vedo che lo sceglie e si prepara. Nulla esiste di ciò che mi circonda. Eppure mia moglie csisteva sulla mia destra, con le braccia che mi facevano segnali; e la voce diventava più alta.

Erano sentenze di morte.

Ma cosa intendevano giustiziare di me?

Questo era certo: io venivo chiamato a identificarmi con i pesci che, via via, mia figlia centrava con colpi perfetti. Ero io la *Betta Splendens* che combatte stupidamente creandosi ombre nemiche anche dove l'acqua è cristallina. Io il *Pesce porco* che nasconde, sotto il suo aspetto sazio, una voracità di cose, le più disparate, come se ogni creatura fosse una preda che gli compete. Io il *Gurami che bacia*, il quale caccia incessantemente amori che poi si rivelano persecuzioni inflitte a chi, in realtà, si rifiuta di dividere la sua solitudine. Io il *Pesce sacerdote*: quando mi immergo dentro la terra e stano il mio Dio, nelle forme sempre diverse con cui l'uomo se lo è rifatto, in ciascuna età della storia, a sua immagine e somiglianza; scoprendo patetica la fede di chi, al contrario, attribuisce al Dio stesso questo creare a immagine e somiglianza, di cui nemmeno la più pallida idea è passata nel grande cervello dei cieli perché, a guardarlo dalla distanza di una stella, l'uomo ha le sembianze più spregevoli e uno spirito votato alla dissoluzione.

Io il *Pesce piagnone*. Io il *Pesce poeta*, coi suoi voli di rara bellezza, ma simili a quelli rosa della *Leccia* destinata a precipitare nella prima trappola.

Ma soprattutto ero io il *Pesce dottore blu* perché i miei sono i pensieri-larva la cui retroazione è affondare nel passato dove mi nutro di una sostanza di cose e affetti, oltre che perduti, decomposti. L'accanimento con cui mia figlia si concentrava sulle sagome lignee era dunque un modo di giustiziare me nei miei vizi, colpe e difetti: primo fra tutti il mio pensare con pensieri-larva, che sono pochi e fondamentali, non conoscendo nemmeno il ricambio della fantasia, dal momento che anche la fantasia è una facoltà di chi pone speranza nel proprio futuro.

Perciò era giusto che venissi visto come una sagoma di tutto un mondo dalle deformazioni grottesche, di una configurazione ridicola dell'uomo. La maschera ittica che io rappresentavo non aveva nemmeno la sontuosità di colori e la forza selvaggia con cui i pesci mordevano l'aria. Era la più pallida. La meno consistente. La detestavo anch'io. E anch'io avrei voluto liberarmene, se avessi avuto un fucile nelle mani.

Ho guardato mia moglie. La casa.

Quello era l'acquario dove diventa vorace il *Pesce dottore blu*, solo perché sa che non correrà nessuno dei rischi che accompagnano il solcare un mare, le sue tempeste e vortici: che gli arpioni – mi sono detto – facessero pure; e che mia figlia, con crescente ilarità, mi facesse pure capire tutta la distanza che ormai divide il suo mondo a punta d'arpione dal mio di molluschi e larve.

Ho pensato: mi arrendo.

Ma nello stesso istante ecco che reagivo. Quando dal fondo della terrazza M.Z. ha eclamato: «Pesce porco!». Perché nella sua voce non c'era la giusta condanna di mia figlia, solo disprezzo.

Non so spiegarmi come sono arrivato su di lui.

L'ho visto dapprima meravigliarsi, e sorridermi, mentre lo trascinavo a terra, rendendomi conto che non avrei potuto competere con la sua forza fisica, ma unicamente lasciare che lottasse sotto di me, con pugni e calci. Non avevo altra scelta che questo reagire senza reazioni. Come su un verme si lascia cadere un sasso.

Infatti usciva solo la sua mano destra. Avevo il viso insanguinato. Ma intanto i suoi occhi diventavano bianchi: adesso era lui ad assomigliare alle sagome dei pesci e ad averne gli occhi a palla gessosa.

Così succede – pensavo – ai cacciatori che si credono invincibili al fondo del mare e si avvicinano a un muso rintanato che credono una *Leccia*, invece quando la luce della torcia penetra in profondità, ed è tardi, scoprono che soltanto l'ombra proiettata era dolce e impaurita, perché il muso è appunto del *Pesce porco*, con i suoi denti a forma di scalpello a cui basta chiudere ogni spazio.

M.Z. ha impiegato più tempo di me ad alzarsi dal fondo della terrazza.

«Avvicinami quella lampada» le dico.

Mia moglie fa per sollevarla. Quando si accorge di una cosa che non aveva visto. Una farfalla sta allargata sul cappuccio e alza le estremità già bruciate delle ali.

«Non temere» la rassicuro. «Non si staccherà.»

Mi porta la lampada sopra il tavolo.

«Osserva.»

Avvicina la testa. Il corpo della farfalla è incastrato dentro un rosso radiante. Segue il giallo. Mentre l'azzurro si decompone in nero.

Un istante fa – le spiego – osservavo la farfalla a distanza. Era entrata venendo da un ramo. Ha visto la luce. Quell'unica macchia sospesa nel buio dev'esserle apparsa una profondità dove stava la sua fine inevitabile e doveva immergersi. Volteggiando intorno lasciava immaginare la stupefazione e insieme il terrore che la spingevano. Ha aderito fulmineamente al vetro: si è aperta in tutta l'ampiezza delle ali e, obbedendo alla sua fatalità, tentava di trapassarlo.

Sotto i nostri occhi, intanto, la superficie incandescente succhia la bellezza dei colori disfatti che danno appunto idea di poterla attraversare, ricadendo con particelle non più visibili sul bulbo.

«Mi stai raccontando di una farfalla» esclama mia moglie, come se l'avessi scomodata per niente.

«No» le oppongo. «O non solo.»

Dovrei dirle che, mentre poco prima fissavo con intensità, il segreto dell'immergersi l'una nell'altra di due realtà fisicamente estranee, mi si è reso comprensibile. Ma, consentendomi di capirlo, mi imponeva di identificarlo. Così è avvenuto. L'ho identificato in lei. Ho immaginato mia moglie stare con le braccia aperte, aderendo a un vetro, non meno attratta da qualcosa che non avrebbe mai dovuto scoprire, e che anch'io scoprivo con lei.

Le dico invece:

«Mi ha fatto pensare a una cosa.»

«Quale?»

«Una scena» le rispondo. «Forse mai avvenuta.»

«Bella?»

«No. Oppure bella nella sua crudeltà.»

Mia moglie ha stupori che si esprimono nelle sue mani. Esse stanno intorno alle cose trovando, anche per le più umili, un gesto pieno di riserbo ma a suo modo spalancato, in cui c'è un attendere, un arrestarsi col pensiero ai margini di verità complesse e sfuggenti, e lo spiare il miracolo come nelle mani giottesche.

Ne emerge la lancia stretta nel pugno. La punta del copricapo è una goccia d'oro che brilla sulla neve. Il guerriero etrusco italico, dopo tanto scavare, lo hanno fatto affiorare durante la notte, e io vengo trascinato da gente felice, affondando nella piana nevosa. Quella specie di armatura incrostata di ruggine sembra espandersi dalla posizione supina come il gigante della favola.

Una campanella vi risuona sopra, chiamando nuova gente dai paesi che si vedono appena.

Mi fermo.

Perché il guerriero ormai si delinea anche nella spada, e nel braccio che spinge contro il cielo lo scudo, e questo gesto manda un lampo attraverso il vuoto che ci separa. Ne vengo colpito e ho l'impressione che accada ora ciò che non è accaduto sulla terrazza: ossia che questa non sia luce, ma un arpione, e nascosta dentro la sagoma bronzea non meno estranea alla terra delle maschere ittiche, mia figlia abbassi il fucile finalmente di quel tanto.

Sarebbe il momento giusto.

Potrebbe far centro nel pensiero-larva di cui più mi nutro.

Cioè il pensiero della morte, di cui il guerriero è una delle continue raffigurazioni che lo fanno nascere in me, e io in loro: con la sorpresa con cui il nostro corteo si arresta. Ciò mi fa capire che non solo da mia figlia, ma da ogni cosa potranno d'ora in poi volare gli arpioni contro il principe dei miei pensieri, con questa esortazione, grande come può esserlo una pianura di neve, ad allontanarlo dalla mente e a guardare di nuovo alla vita.

Riprendiamo ad avanzare.

Arriviamo al gigante affondato nelle sue mani e un gruppo di passeri si alza.

Mi dico: non è nemmeno la larva di un pensiero, ma un vizio.

Entrando infatti dove comincia la festa notturna, e la camera da pranzo è gremita, con una felicità che ha davvero uno splendore arcaico, come se la notte di fiaccole appartenesse al secolo del guerriero e ne aspettassimo la discesa vittoriosa dalla collina, non l'altra sontuosa e funebre dentro le corde e sul carro trascinato dai buoi – io non vedo che l'ala distesa nella ruota d'amore che sfiora la pietra dove il trespolo è stato collocato.

L'uccello è imbalsamato come di consueto. Così che le ali, il petto, il becco rievochino il rito della sua uccisione. Il becco è spalancato e, dalla mancanza di suono reale, acquista un più alto inno fantastico. Il piumaggio è arruffato da un inesistente refolo. Delle due ali, la prima è come il gesto del cantante che si tocca il petto nell'acuto, la seconda a ventaglio, corrosa per il ripetersi della ruota contro il legno dei rami.

Mi si avvicina il cacciatore.

Lo incuriosisce il modo in cui scruto l'uccello; mi ripete la storia che conosco: il gallo cedrone va ucciso così, quando s'inebria del suo canto d'amore. È necessaria – spiega – estrema cautela. Ci si avvicina contando i passi e ci si arresta allorché il canto cessa. Solo mentre innalza il richiamo muovendo la ruota e fissando il cielo, il gallo cedrone non è in grado di percepire alcun rumore. È colmo del suo grido, nient'altro. Quindi si può procedere fino ad averlo a tiro e ad ucciderlo.

I miei occhi si spingono dentro quelle pupille vitree.

Non so cosa sia. Se mistero amoroso o stupefazione di fronte alla violenza assassina.

Penso alla mia prima scoperta della morte.

Essa è simile alla scoperta sia del guerriero che dell'urogallo.

Quando ci sediamo a tavola, il cacciatore continua a parlarmi di spari, di battute, di volatili più intelligenti delle creature umane. Ma io non lo ascolto perché cerco di collocare esattamente quella rivelazione che dà una data precisa, oltre che alla mia vita, a ciò che mi sta accadendo.

Nella mia casa di Parma. Ci vivo soltanto con mia madre. Mio padre è stato condannato dal Tribunale Speciale, insieme a molti compagni dell'Oltretorrente.

Io ho sei anni.

La casa è circondata da un campo che assorbe lo scarico delle fogne. Di notte i topi cadono a centinaia nell'acquitrino e ne ascolto il rumore come di sacchetti gettati dalle mura da quanti passano aggiungendo le loro immondizie. Tra noi e la città, un ponte a schiena d'asino. Mio padre lo attraversa durante gli arresti e dopo i condoni. Io e mia madre durante le nostre solitudini. Restiamo appoggiati al parapetto e gli occhi risalgono il greto del torrente Parma fino al celeste degli Appennini.

«Magnaque Niliacae servit tibi gleba Syenes» dice serenamente mia madre. «Tondet et innumeros Gallica Parma greges.» Mi spiega: «È un poeta latino. Marziale».

È nata in un paese che si chiama Berceto. La sua vita è stata povera e durissima. Eppure è riuscita a imparare queste cose. Io la ascolto e mi sorprende che, citando i versi, dimentichi le scene che continuamente si ripetono sotto quel ponte, in mezzo alle montagne dei rifiuti. Ha l'aria di vederlo come un luogo paradisiaco. Ma i sicari della Questura vi operano i loro pestaggi e c'è stata una notte che aguzzini venuti dalla Croazia e legionari della Guardia di Ferro vi hanno inscenato una gara fallica.

Affacciato al ponte ho visto per la prima volta, nell'accendersi delle torce, mani di donna nascondere i genitali maschili esposti in un trionfo osceno; e altre donne violentate; e altre ancora che fuggivano dentro il fascio di luce che ne segnalava qua e là la vergogna, con tutto un subbuglio di braccia che tentavano di liberarsi, quando i genitali affondavano, senza che io scoprissi dove, perché subito ritornava il buio e la notte aveva lamenti di sopportazione.

Ho udito la Guardia di Ferro gridare, al termine della gara fallica, che nell'antica Grecia buttavano a mare degli esseri umani da una rupe:

«Ed è precisamente ciò che faremo con voi non appena la nuova Europa Fascista sarà diventata realtà!»

«Velleribus primis Apulia, Parma secundis – Nobilis; Altinum tertia laudat ovis.»

Il primo segno è questo potere di mia madre di dimenticarsi la realtà, servendosene per sognarne un'altra. Capisco che è il suo male di cui parlano: la follia – dicono – di chi è vittima e che nasce, come una figlia buona, dalla follia di chi perseguita.

Dove termina il ponte, c'è un chiostro dei benedettini. Mia madre mi parla di Salimbene de Adam e di un uomo che «oltre al so proprio nome che è mastro Benvenuto, l'è ciamà in giro Asdenti cioè senza denti, per ironia: ché li ha grossi i denti, e disordinati, e la favella intrigata» come diceva appunto il Salimbene. E Asdente frequentava quel chiostro. Da *povero uomo che lavorava da calzolaio – faceva sandali – puro e semplice e timorato di Dio e cortese*, vi faceva le sue predizioni sul futuro: cioè *sull'abate Gioachino, Merlino, Metodio e la Sibilla, Isaia, Geremia, Osea, Daniele e sì l'Apocalissi e Michele Scoto che era l'astrologo di Federico secondo imperatore.*

Andiamo nel chiostro perché a mia madre piacciono le profezie e alle strolghe chiede continuamente di conoscere il giorno in cui sarà felice. E anche perché i benedettini fanno un pane buonissimo, il migliore di Parma. Mangiamo il pane, noi soli, e la costruzione romanica la scopriamo come una casa ospitale.

Guardo le briciole cadere dalla bocca stanca di mia madre sulla nudità della pietra. Quelle briciole e la prospettiva degli archi dove il cielo si fa d'oro. È il primo manifestarsi della decadenza umana che s'accoppia alla grandezza storica dell'uomo, diventando tanto più decadenza; e fa nascere la mia prima vocazione ad alzarmi sulle punte e volare: lontano dalla pietra dove i piedi di mia madre si gonfiano, mentre siede circondata dai pani bianchi.

C'è anche un nostro sogno.

È una musica.

Mia madre mi dice che è Toscanini a dirigere nella cappella di San Giovanni Nepomuceno, incendiata sul vecchio Ponte di Mezzo durante la settimana rossa del '14. Dalle rovine sulle quali si depositano bandiere (perché le pietre parlino – comincia a insegnarmi – e quelle addirittura gridino contro gli avventurieri idealisti) il suono dell'orchestra e le voci del coro giungono fino a noi attraversando le acque.

Ma io so che non è vero.

Cioè che non è Toscanini. E che quella musica non esiste.

Eppure le obbedisco e fingo di essere convinto che sia Toscanini e che il suono si sposti, come lei mi spiega, alla Chiesa della Steccata dove, di un ragazzo fucilato a Turi, non è rimasto che il foglio carcerario: sull'altare come una reliquia. E al Torrione che fa la guardia al Parco di Maria Luigia, nido di sovversivi. E alle due sale del Caffè Marchesi, che conservano i divani con i velluti rossi dell'Ottocento, le specchiere alte con le cornici d'oro. Quando ci andiamo mia madre mi ripete, o ripete a se stessa, i racconti di nobili famiglie.

Ecco dunque come imparo a udire la musica che non è reale grazie a mia madre che mi dice: ascolta; eppure non c'è che il silenzio. E oltre ad evocarmela me ne spiega le note, la soavità di certi passaggi. Usa l'immaginario spartito come altri, con un bambino, userebbero la favola.

Così posso servirmene quando anche lei scompare: a lavorare o a portare le sue suppliche per il condono di mio padre. Mi siedo nella cucina. I muri sono neri. Il tavolo spoglio. La Storia comincia per me ad assumere queste forme, con l'idea di ciò che vi è assente e ne costituisce la grande occasione mancata: non le perderà mai più.

Aspetto. Non posso fare altro. Non ho nemmeno cose da guardare. Quelle poche le abbiamo vendute. O ce le hanno bruciate. Non immagino che ritroverò questo vuoto, un giorno. E come ora non avrò che una musica immaginaria con cui colmarlo. Appoggiando il braccio sul tavolo, la guancia sulla mano, a dare il la al mio teatro, con la possibilità di scegliere tra tenori e soprano con voci alte come angeli e violini e trombe solitarie.

Così si fa sera.

Parma lascia ogni giorno dietro di sé un mondo frantumato dai cui resti nasce sì la conoscenza del dolore, ma rischiarata da fuggitive presenze; la vedo uguale ai tralci che pendono sulla facciata di casa nostra e richiamano moltissimi uccelli nelle ore del sole per cui, quando spariscono come mai ci fossero stati, conservano nella loro spettralità una struggente primavera.

È questa l'ora che, dal fondo del campo, una voce si fa più chiara.

Eppure è sommessa e arriva da lontano.

«La rivedrà nell'estasi...»

Non capisco se appartenga alla musica che, andandosene, mia madre mi ha lasciato come l'unico gioco che poteva darmi.

Mi alzo. Esco nel campo.

Mia madre è laggiù.

Riprende daccapo:

«La rivedrà nell'estasi...»

Tiene le braccia dietro la schiena. Da allieva che non debba sbagliare una nota. Ma chi può giudicarla? Non c'è che l'albero di mele a cui si è appoggiata, il cielo dove tiene alta la testa al ponte che lo attraversa solitario.

La raggiungo. Mi accorgo che questa felicità, con la quale ha fatto ritorno dai luoghi del suo dolore, non è meno immaginaria dell'altra musica; nei suoi occhi ha un verde e un azzurro cupo che si mutano l'uno nell'altro. Guarda finalmente senza tristezza. Un punto, dietro di me, molto lontano.

Mentre non vede me che pure, sotto il suo viso, ascolto il suo cantare:

«Infelice cor tradito...»

Se alzo la mano posso sfiorarle le labbra. Ma nemmeno di questo si accorge. Le tocco il braccio in tutta la sua lunghezza. Il braccio esce nudo dal vestito e anche la pelle di mia madre che sotto un albero diventa una donna che aspetta il compagno per farci l'amore, mi ignora. È una felicità sprecata, questa che esce dalla sua gola, perché non può accontentarsi d'essere divisa con un bambino.

Cosa posso fare perché si rivolga a me?

Stacco dei fiori e glieli porto.

Qualcuno lo infilo nella cintura, qualcuno in mezzo al seno e uno sopra l'orecchio. Non m'importa più che non possa rendersene conto. È come quando copro di gigli il Cristo in chiesa. Anche il Cristo guarda in alto verso un punto, eppure mi trasmette le sue spine, come ora mia madre la sua felicità che insegue i suoi angeli.

Essa mi fa vedere intorno molte creature che non credevo esistessero. Cioè capisco che la felicità consiste in un benessere che ci fa accorgere di quanto d'altro vive con noi. Così vedo i passeri che divorano allegramente sopra i rami il chiaro che in cielo ha lasciato la pioggia. Mi affaccio su corpi di ragazze che non hanno il tempo di coprirsi e poi scoppiano a ridere perché dentro il cespuglio non è comparso che un bambino. E incontro ragazzi di cui non provo paura perché non penso nemmeno che sono apparsi dal vuoto.

Tutto il mondo è felice del «Taci, il piangere non vale» di mia madre.

Ecco come comincia la mia prima scoperta della morte.

Quando abbraccio i fianchi di una donna che canta e non mi vede, eppure io ci affondo.

O quando, nel chiostro, lei si inginocchia nei raggi che scendono dalla cupola. Il suo parlare ondeggia come una massa arborea al vento: sragiona, ma per una semplice caduta di parole tra l'uno e l'altro discorso, nel modo in cui dalle scritte delle strade cade a terra qualche lettera.

Lascio che si trasformi e cammini tutt'intorno a me. Gira sulle mani e sulle ginocchia. Ma il girotondo a rito propiziatorio di chissà quale demente fortuna per l'unico suo bene che rappresento, diventa sempre più un inseguire a quattro zampe ombre canine. E il suo singhiozzo è un guaìto.

Il chiostro specchia i cieli serali.

Ma non ho paura. Anche se provo a dire: Dio. Credo di essere nato senza possibilità di paura. Prima che si faccia notte, ecco la luce a polvere d'oro, bassa sopra il povero cane singhiozzante intorno al figlio.

La cosa più buia e mobile del chiostro. Con i ginocchi induriti che battono sulla pietra quasi due assurde campane della fine.

Una vetrata da chiesa divideva la mia camera dal campo. Era stata rubata in un oratorio di campagna e filtrando la luce dell'acquitrino sul pavimento non meno squallido, la trasformava intorno a me, mentre aspettavo il sonno, con una solennità di colori e di forme.

Una notte mi avvicinai alla finestra scoprendo un cavallo col muso alzato, che scambiò con me un lungo sguardo: trascinava le briglie che lo legavano a un tronco.

Dietro il tronco, due figure.

La donna inginocchiata, a schiena nuda. Le mani ai fianchi di un uomo in piedi, indietro con la testa. Rimasi fermo, con la possibilità di essere visto, ma solo il cavallo continuava ad accorgersi della mia presenza. L'uomo e la donna risero. E ora si distendevano alla base dell'albero. L'uomo era vestito. La donna completamente nuda. Abbassai gli occhi. Tornai a guardare quando l'uomo calpestò le foglie per raggiungere il cavallo.

Alzandosi sulla staffa, lo riconobbi.

La faccia un po' delirante e sporca di barba bionda. Sulle spalle il tabarro con un drago dorato. Sarebbe bastato quel drago a far nascere intorno a lui molte domande. E qualcuno chiedeva: ma esiste?

Era il fratello di mia madre.

Il primo partigiano, credo, della storia emiliana. Assai prima che altri braccati andassero a nascondersi sulle colline. Appariva come un fulmine, sollevando le braccia, e il nevischio sul cappello era l'unico segno che aveva cavalcato dai monti. Arrestava il cavallo e la gente si ritraeva: allora lui prendeva lentamente strade e borghi, assaporando lo sventolare della bandierina rossa in cima al collo della bestia, fino a comparire nelle vie del centro che avrebbe riattraversato al galoppo svanendo per impensabili scorciatoie col tabarro a vela come se lo spingesse vento di mare. In mezzo a tram e automobili.

Intonava: «Esultate! L'orgoglio musulmano sepolto è in mar...».

Era il suo modo di ritrovare la città, le amanti e gli amici a cui aveva preferito i boschi e i dirupi, e noi ragazzi del suo stesso sangue che felicemente ci addossavamo ai muri.

«Nostra e del ciel è gloria!»

Già non era più visibile.

Col picchiare degli zoccoli restava nell'aria:

«Dopo l'armi lo vinse l'uragano...»

Solenità,[1] il bello.

Sapevo dunque che dopo la mezzanotte li avrei visti.

Mi svegliavo di soprassalto. Trovandomi ogni volta in un posto diverso. Ma sempre nella luce gialla e blu della finestra. Sul pavimento. Sotto l'orologio. Tra letto e parete. Se mi inoltravo in un cunicolo a picco sui due, laceravo ragnatele e i ragni spaventati mi correvano sulla faccia. Oppure corpi caldi, che io mi inventavo, strisciavano contro il mio corpo. L'orecchio al suolo, le voci venivano da più lontano, ma più chiare.

Non mutava nulla.

La donna, prima di denudarsi, con una casacca bianca e nera, le calze bianche di lana. Puntuale, prima di lui. Ferma sotto l'albero. Il cavallo legato al solito punto: sempre il solo che si accorgesse di me, con l'occhio che si ingrandiva via via che lo fissavo, e poiché dalla terra che il sole non raggiungeva mai spuntavano ceppi di alberi abbattuti molto tempo prima, i grandi fori nei nodi del legno, contro l'argento dell'acqua morta, erano tanti occhi come quello. La rivoltella veniva appesa a un ramo. Dalla spalla della donna, buttandone i capelli, appariva la mano di Solennità.

---

[1] Solennità, in dialetto parmigiano.

Si spogliavano al buio. Le bottiglie e i barattoli rotolavano dai loro piedi. Solennità montava la donna. Le braccia di quest'ultima mi facevano pensare alle ali di un'aquila schiacciata. La stessa visione di mia figlia sotto il corpo di M.Z. sulla spiaggia di Delo. Solennità la colpiva nell'inguine e la donna si piegava in due e gemeva. Ma finivano con una cosa pura. Cioè il seme raccolto dal ventre di Solennità nelle due mani pronte a servirlo, veniva deposto in un punto dell'erba.

Si addormentavano.

Qualche volta pioveva. Allora si arrangiavano sotto il tabarro con il drago d'oro, la pioggia correva sui fianchi del cavallo, velava il suo occhio e le occhiaie dei ceppi, Solennità ripartiva col capo piegato.

La notte che capitò, Solennità non si staccava dalla donna. Spostai lo sguardo alla cima degli alberi perché, da come lei gli copriva gli occhi e si guardava intorno, capivo che cercava di nascondergli qualcosa. Un'ombra stava sopra un ramo, e poi una seconda, dalla parte opposta: non mi uscì un grido.

La prima a puntare fu l'ombra più in alto.

Subito l'altra.

Ma i due spari coincisero in un solo lampo che si scaricò a terra.

Il mattino dopo uomini e donne andarono da ogni lato dell'acquitrino verso il corpo di Solennità risucchiato dalla melma. Credendolo addormentato, gli uomini si tolsero le mani dalle tasche per salutarlo, le donne si aggiustarono le vesti e i capelli. Dissero poi di averlo trovato con una giacca di straordinario splendore e che un fazzoletto di seta sporgeva dal taschino. E che i gambali avevano dei piccoli draghi d'oro per fibbie.

«La cattura sembra crudele» continua a spiegarmi il cacciatore seduto accanto a me. «Ma in realtà non è come si crede. Direi che il gallo cedrone è felice di morire in quell'istante. Non sente le voci, né i rumori, probabilmente neanche il dolore. Morire nel momento più bello di una esistenza è un grande privilegio, non crede? Osservi per esempio le pupille di quell'esemplare. Non guardano in nessun punto. O meglio fissano l'indefinito punto che è già al di là della vita.»

Finiamo di cenare.

Contro i vetri esplodono le fiaccole che circondano il corpo del guerriero trascinato dentro il suo fragore, e un battimani, mentre i suoi occhi di lava mandano luce dove i mucchi della neve crollano tra gli zoccoli e le ruote del carro.

Prima di uscire a finire la festa, mi fermo di nuovo accanto al trespolo. Sotto l'ala consumata dalle ruote d'amore noto una lingua rugginosa, come sangue. Vi passo il dito, e allora penso alla traccia sanguigna che restò a lungo nell'erba davanti alla nostra casa e sulla quale apposta mettevo il piede, perché il peso di un'innocenza inutile, che già detestavo, cadesse finalmente e al più presto da me.

V

Da quello che io chiamo il giorno degli arpioni, non faccio che aggirarmi oziosamente per casa. Mia moglie mi scopre attratto da una cosa che non capisce. E che io non dico.

«Cosa cerchi?» chiede.

«Niente» rispondo.

«Posso aiutarti?»

Non le rispondo nemmeno.

In realtà cerco, e so che non esiste difficoltà maggiore di questo cercare. Perché il mio spostarmi dietro il nulla nei pomeriggi di luce invernale, con le stanze che ammucchiano frettolose le loro ombre, e io sono una di queste, che si mette dove il sole cancella se stesso da una finestra all'altra così che sono indotto anch'io a un moto circolare, finché non mi vedo il tondo rosso davanti alle scarpe, riducendosi alla grandezza di una moneta – questo dipendere da una luce effimera come le piante sul muro esterno, è simile al tentativo che senza parere fa Minosse quando i miei pensieri lo ignorano.

Così tento di avvicinarmi a mia figlia.

La spio, ora, nelle sue faccende tranquille.

Qualunque cosa sia mutata in lei – mi dico – non possono due creature, anche le più nemiche, convivere a tanta distanza. Io la colmerò, questa distanza. Il mio passato è talmente forte, e vissuto, che nonostante lei lo abbia condannato non può essere da meno del suo presente, perché entrambi hanno i loro segreti.

È chiusa nella sua stanza.

La finestra interna, che dà sul corridoio, ci separa con superfici vitree che non saprei dire se appartengano al suo acquario o al mio.

Gira la testa verso di me. Sembra aver capito. Subito mi disilludo e mi accorgo che è stato un caso. In realtà è molto attenta alla depilazione della sua gamba da cui fa scomparire ogni minimo segno, con una caccia delle pinzette che dura ore, e quando sembra finita ecco che solleva con due dita l'orlo delle mutandine e continua a tuffare ancora più dentro se stessa il suo becco da gallina che si spulcia, con il suo essere vuota di pensieri che permette all'operazione di prolungarsi automaticamente.

Adesso – mi dico – entrerò da lei e le chiederò:

«Ma tu, che parli di pensieri e mi accusi di avere una testa piena di pensieri ridotti a larve, lo sai cos'è un pensiero? Hai mai pensato con qualcosa che fosse un pensiero? O la tua testa da cetaceo pensa con altri segnali? E quali sono questi segnali? Di quale crudeltà, di quanto sacrificio di materia umana hanno bisogno per trasmettersi?»

Invece entro, senza che nemmeno si giri. Mi siedo sul letto accanto a lei. E non ho il coraggio di aprire bocca. Avrò mai la stessa pazienza con cui ora si scava solchi bianchi e punteggiati di gocce sanguigne ai lati del pube?

«Mia madre» comincio «mi insegnava i primi pensieri sulla vita mentre le si corrompevano in un sogno desolato. Mi insegnava anche cos'è un pensiero. Che la sua energia sopravvive. E tutte le energie di questi pensieri insieme, di tutta la storia delle razze umane, creano quella che chiamano la vita eterna.»

Mia figlia ancora non mi guarda e si sposta allo specchio.

«Mi metteva nel becco i suoi cibi bacati» sorrido «e poi volava dal ramo.»

È un rebus per lei. Ma un tempo i miei rebus l'affascinavano. Continua a truccarsi allo specchio. Un trucco, anche questo, paziente. Un sostitutivo mimico della meditazione.

Indifferente, mi chiede:

«Tu che parli di queste cose, che colore ha il dolore? Verde? Giallo? Viola?»

Non aspetta la mia risposta. Strisce gialle già l'attraversano. Rapidamente tutta la faccia affonda sotto una pasta gialla compatta. La muove alla luce. Tra specchio e lampada muta i riflessi.

«Se questo dev'essere dolore» le dico «è da uccellino in gabbia. O da pesce. Un dolore non umano, ma animale.»

«Animale. È giusto. È quello che cerco.»

«Ma perché?»

«Ci sarà una rappresentazione, oggi.»

«Quale rappresentazione?»

«Una favola.»

«Di chi?»

Alza le spalle: «Una favola. Io sarò un pesce morente».

Continuo:

«Anche mia madre lasciava che la truccassero prima delle sue partenze alle rudimentali cliniche psichiatriche. Tutta la casa era in moto. Le porte sbattevano. Nel campo le donne si davano voce. Davanti allo specchio, come tu stai ora, i sogni del suo male le imponevano un silenzio estatico. Nello specchio non contemplava se stessa, o qualche immagine del futuro, come stai facendo tu, bensì gli oggetti alle sue spalle, in cui prendeva forma il suo passato.»

Mia figlia si mette in testa un copricapo di piccole pinne.

«Il cappello, per esempio. Quando sbucava dalla scala, sorretto dalle mani di una compagna e che veniva deposto sacralmente sopra la sua testa.»

«Così va bene?» mi chiede.

Mia figlia si fissa la faccia gialla. La palpebra acquamarina. La sgomenta, per un attimo, la sua immagine da clown.

«Il dolore degli animali» le rispondo «l'ho sempre pensato come un lampeggiare su qualcosa di molto chiaro, sereno.»

Allora si cancella spazientita il primo colore. Al posto del giallo, una pasta bianca si diffonde su fronte, naso, guance.

«Così va meglio?»

«Come i fulmini senza suono d'estate.»

Si sovrappone serpentine rosse.

«Così?»

Seguo l'idea che mia figlia cerca di raggiungere col trucco. Si valuta per sensazioni colorate sulla rotondità ancora infantile delle guance. È come si trucca il selvaggio – penso – che riproduce su di sé un dio rudimentale, scrutato nello spettro del sole.

Anche il copricapo di pinne viene strappato via e sostituito.

Mi accorgo che, nonostante tutto, questa è la prima confessione della mia vera identità che io ho con lei da quando è nata.

Continuo:

«Era un bellissimo cappello. Ne ricordo il largo fiore al centro. La compagna glielo piegava sull'orecchio destro. Lo rimetteva diritto. Di nuovo lo piegava a sinistra. Controllava nello specchio la posa più propiziatoria per quando mia madre sarebbe apparsa a medici e infermieri. Il cappello azzurro rendeva la faccia incipriata ancora più bianca. Prima di abbassarselo sugli occhi, per non vedere più nulla, mia madre registrava ogni particolare del paesaggio riflesso. E lo specchio, con una crepa deformante che lo attraversava, era simile alle larve mentali che le alteravano il mondo.»

È come se non parlassi.

Potrei dire qualunque cosa. Anche la più assurda.

È quello che faccio.

Mentre lei abbassa energicamente il braccio della lampada. Ed ecco che la suggestione cromatica arrivando alle labbra si dissolve: le labbra sono troppo volgari. Si alza. Muove le braccia.

Accenna a quello che sarà un momento della sua rappresentazione.

Continuo:

«Poi si alzava. Si accarezzava le mani guantate. Cercava di raddrizzare i fiori spezzati dentro i vasi. La sua resistenza all'addio era fatta di insignificanti gesti. Il suo occhio mi seguiva mentre mi aggiravo per la stanza intorno a lei. Tra gli alberi l'infermiere l'aspettava al volante dell'automobile. La compagna le apriva le porte. Una mano di mia madre sporgeva dal mantello, il polso stretto da una benda elastica dove era calato il filo di una lametta, e le dita si aprivano e si chiudevano segnalando la sua volontà di afferrare un oggetto da portar via. Senza che questo oggetto si precisasse nella sua mente.»

Mia figlia si inginocchia. Mi guarda. Ma oltrepassando la mia immagine. Cerca sul pavimento, e nell'aria, le piste del ballo della favola. Mette in azione il giradischi.

Ma io continuo dentro la musica:

«La compagna la sorreggeva verso l'automobile. La malattia la costringeva a trascinare i piedi. L'infermiere che ora le apriva la portiera con un sorriso l'aveva sorpresa diverse volte nel buio della cantina: l'orecchio al muro che si alzava sull'acquitrino da cui nessun suono poteva salire. La costringevano a respirare di nuovo la luce del mondo che essa rifiutava. Era quell'infermiere a raccomandarmi di starle lontano...»

Mia figlia aumenta il volume del giradischi.

Tanto più continuo:

«... proprio per questo la cercavo ovunque fosse! E anche

adesso la seguivo come un valletto! E mi accorgevo che prima di salire sull'automobile guardava il cerchio d'erba falciata dove il fratello era stato ucciso! E sarebbe tornata dopo mesi, come sempre!»

Ma poi di questo parlare ho nausea. Allora grido:

«Devi ascoltarmi! Ascoltami!»

Ma lei già non c'è più. L'accappatoio è volato dallo specchio. È di là in bagno che mi risponde:

«No.»

«Eppure» le dico attraverso la porta che è rimasta aperta «le cose che ti sto dicendo te le ritroverai un giorno, e le capirai, e ti accorgerai che questa distanza tra noi...»

Non mi ascolta nemmeno in questo. E mi accorgo che non mi ha nemmeno detto no.

E anche dal bagno è scomparsa.

Lascio che i suoi passi si allontanino.

Continuerò parlando alle cose che mi circondano.

Scelgo questa collana di metallo che stacco dalla spalliera del letto:

«... dopo avermeli insegnati, mia madre scriveva i pensieri in un quaderno. Così non sarebbero fuggiti da lei. Non saprei distinguere i pensieri che ho udito dagli altri che sono andato a leggere. Ma ricordo la scrittura che d'improvviso si dimenticava di se stessa e s'interrompeva, volando la sua mente altrove: mente da povera farfalla, diceva mio padre.»

E ora scelgo la cosa che mi sembra più feroce, e punto il fucile subacqueo contro di me come già l'ha puntato mia figlia il mattino degli arpioni:

«... parole che mi sembravano bellissime e non, come agli altri, i frutti della sua sete di annientamento. Dicevano che mai avrei potuto capirle e rimproveravano mia madre di mettermene a parte, con un segno forse per sempre.»

E ora scelgo, sulla parete, questo ingrandimento fotografico dove la testa di mia figlia affonda dietro occhiali da sole:

«Infatti il mio stare in lei, e lei in me, mi ha lasciato qualcosa che morde nella mia testa e cancella ogni felicità di pensiero. Questa impossibilità di pensare a lungo e con forza, che è il cordone ombelicale che resiste tra le mie ombre e le altre di una mente materna perduta nella pietà che è la sola a illuminare la nostra storia.»

E mi sembra che finalmente le cose mi ascoltino.

Qualche ora dopo, la sua faccia dipinta sta rovesciata su una piattaforma di legno. I capelli, mossi da un vento artificiale, danno un'idea di agonizzanti pinne.

Sopra di lei, altissimo, un ragazzo rappresenta un gallo. Fiammeggia nella sua cresta copricapo. Nei bargigli. Mentre apre la zampa dove, tra le pinne pettorali, le dondola l'arpione conficcato.

La coda a semiluna.

Allora concludo dentro di me, al silenzio che ora so ci dividerà per sempre:

«Io ho sempre chiamato mia madre come la chiamavano tutti: la Cantadori. Il suo cognome. Da contadores, dicevano: spagnoli calati a Parma con Don Carlos. Guitti felici. Improvvisatori. Abituati a balli, tamburi, pianole. Ma anche al dolore, di fronte al quale non battevano ciglio, come a una stonatura inevitabile di quelle musiche.»

VI

Questi mesi sono volati.

«Com'è possibile» dico a mia moglie «che sia già primavera? Assaporavo le ore, i giorni. Mi accorgevo di loro. È come se il tempo non esistesse più. Mi alzo all'alba, ma non vedo l'alba. Il buio ha qualcosa che non capisco. La notte mi dava serenità. Ora il contrario.»

Cerco una spiegazione.

E anche lei la cerca.

«Forse il tempo ci appare così veloce e inconsistente» continuo «perché abbiamo l'impressione che ci stiano capitando molti fatti, mentre in realtà non ci accade nulla. Fatti e sorprese non sono che il nostro desiderio che accadano.»

Il problema è che, non appena crediamo di aver risposto a un interrogativo, subito un altro se ne presenta. Non sono le domande che ciascuno si fa sulla propria vita, e che possono andare dalla banalità all'imbarazzo al dramma a seconda della realtà di ciascuno, ma appunto di interrogativi inespressi. Non ci pongono alternative su qualcosa di preciso. Si formulano astrattamente.

Nonostante ciò, hanno il potere di convincerci che è necessaria una risposta che metta in gioco tutto di noi.

Possiamo trovarci nel soggiorno a leggere o in terrazza a guardare Roma notturna. Alzo la testa e chiedo:

«Cos'è?»

Mia moglie ascolta.

«Nulla. Il silenzio.»

Però si guarda intorno. E dal modo in cui mi fissa capisco che anche i suoi occhi, come i miei, vorrebbero fermarsi sull'oggetto, qualunque sia, della nostra inquietudine.

Lei si alza.

«Vieni.»

Mi fa strada.

Stiamo semplicemente attraversando casa nostra. Perché dunque abbiamo l'impressione di un oscuro labirinto? Apriamo le porte delle camere. Le chiudiamo dopo averci gettato uno sguardo. Scopriamo cose trascurate ricordandoci dove e quando le abbiamo acquistate. Momenti anche fondamentali della nostra convivenza. Di alcuni dovremmo rallegrarci o commuoverci. Invece ci lasciano del tutto indifferenti.

Ci interessa l'esplorazione in se stessa: come se cercassimo un ladro rintanato da qualche parte, pur avendo l'assoluta certezza che nessuno, all'infuori di noi e di nostra figlia in camera sua, ha messo piede qua dentro.

Ci si ritrova di fronte. Delusi.

«Niente» ripeto.

«Niente e nessuno.»

«Eppure» continuo «è come un suono che io devo trovare.»

Resta il fatto che non abbiamo dissolto nulla della presenza indecifrabile che, da qualche parte, ci sta scrutando e ci sollecita.

«Come quando si ha un malessere» insisto. «Ma nessuna parte del corpo ci fa male. Proprio per la sua vaghezza, questo malessere ci irrita. Vorremmo afferrarlo nella testa, nel ventre, in una mano. Sapere almeno dov'è che nasce.»

Ci inoltriamo nel corridoio. Quando si gira per vedere se la seguo, l'interrogativo affiora sul viso di mia moglie. Mi sorride. O è una smorfia spiacevole. Le due cose si equivalgono. Come si equivalgono, nell'interrogativo, sentimenti opposti. Andiamo verso la camera di nostra figlia: l'abbiamo lasciata per ultima. Forse per una specie di viltà.

Le tocco il braccio per rassicurarla. Allora passa in me la sua certezza che ci stiamo avvicinando al punto.

«Mi tremano le mani» mi dice. «Vedi?»

«Ma che senso ha?»

«È assurdo. Hai ragione.»

La porta si approssima come se fosse rimasta aperta su un baratro. E una voce ci dicesse: andate e vedrete.

Finalmente ci sembra inquadrato dentro quel rettangolo di legno bianco che si offre da impensabili angoli ottici.

Chiamiamolo pure il segreto.

Quando entriamo, la penombra ha già assorbito il respiro, l'intenso profumo di un corpo che vi diffonde la sua energia sveglia fino a un istante prima; anche i contatti con le cose, appena cessati, vi sembrano sospesi. Stiamo penetrando nella gabbia di una fiera. E questo è il suo fiato. Evitiamo gli abiti sparsi per il pavimento con una strategia del disordine che conosciamo perfettamente.

Mia moglie chiude le finestre. Io fermo il giradischi che gira a vuoto. Attenzioni un tempo affettuose. Ora pretesti per aggirarci qua dentro.

Il lenzuolo è una coda che si allarga dai piedi del letto.

Quando dorme, mia figlia non tollera nulla.

Mia moglie solleva il lenzuolo. Ma lo tiene stretto nella mano e sta a guardare. Come me. Intensamente. Obbedisce, e io con lei, alla voce di prima che ci chiede di identificare il corpo che ci sta sotto gli occhi. È come se non lo avessimo, oltre che mai creato, mai visto.

Il viso di mia moglie si copre di sudore.

La presenza enigmatica che abbiamo cercato per la casa acquista infatti la consistenza di queste forme distese e addormentate. Due avvoltoi non si comporterebbero diversamente. Lo capisco. Ma capisco anche che siamo così vicini al punto che l'ipnosi non solo si giustifica, ma potrebbe continuare un tempo indefinito. Con riluttanza sfilo il lenzuolo dalla mano di mia moglie.

Mi decido io a coprire il corpo.

A un'esplorazione minuziosa che in realtà non compio affatto. È il gesto ad apparirmi rallentato e a consentirmi di percepirne ogni indugio, rendendolo intenzionale. La mia mano scivola sui piedi, sale lungo le gambe, faccio il possibile per non toccare, per non sfiorare nemmeno, ma sia i piedi che le ginocchia si insinuano spontaneamente; da contratte le dita si fanno distese:

è lo stesso di quando si accarezza una donna sconosciuta. Un accarezzare che raggiunge l'inguine. Non provo disagio né vergogna. Tale è la convinzione che questa pelle, questa carne mi siano estranee. La macchia pubica si espande; le mani di mia figlia, che dorme con gesti ancora infantili, non bastano a coprirla: essa mi lascia una traccia molle, sudata. Sistemo il lenzuolo sui seni che si mantengono eretti anche nella posizione supina, immaginando le manipolazioni di molti uomini che hanno trasformato, in poco tempo, due piccole punte.

La copro fino al mento. Sulle labbra che conservano un'ambiguità sorridente, depongo non un bacio paterno, ma l'atto estremo di una sottomissione a una divinità nemica.

Ciò che è stato accuratamente nascosto non perde nulla di sé, tuttavia ci concede un sollievo. Staccandomi dal letto e incontrando gli occhi con cui mia moglie mi indaga, mi sorprendo d'esserne stato attratto più che respinto.

Potrebbe essere successo soltanto nel mio pensiero. O nel suo. Anche perché mi rendo conto che le luci, gli oggetti stanno in posizioni differenti da quelle che ho creduto di vedere. E anche mia figlia non sta distesa, ma rannicchiata, di spalle.

Ce ne andiamo vedendo sfilare i fucili subacquei nelle rastrelliere, i pesci lignei del tiro con l'arpione, le pinne, le mute abbandonate sulle sedie e che mi fanno pensare alla pelle svuotata degli M.Z. Le nostre certezze più che mai si confermano. Non sono strumenti di un gioco, ma divise, armi, colori di guerra.

Mia moglie entra nella camera anche senza di me e quando è deserta. Un giorno l'ho sorpresa stringere un fucile subacqueo. Lo scrutava come un oggetto mai visto. Un altro giorno mentre faceva dondolare le sagome dei pesci appese al soffitto.

«Questa insonnia» dice «mi penetra fin nelle ossa.»

Uscendo da quella camera ci accorgiamo che nel nostro non trovare pace la notte passa al giorno e il giorno alla notte senza tregua e la luce è volontà di buio, il buio di luce. Albe rapide ci investono, fuggono.

«Dormire...» continua. «Mi piaceva. Mi riusciva facile. Adesso mi sembra di non esserne mai stata capace.»

Vorrei essere un taumaturgo e darle il letargo soltanto toccandola. Le metto una mano sulla fronte. Mi chiede di dirle qualcosa. Di sereno.

«Di sereno» ripete.

Mi tende la tazzina di caffè. Beve a sua volta a piccoli sorsi, con lo sguardo fisso. La tazzina le cade a terra. Si china a raccoglierne i pezzi e intanto mi guarda come se l'espressione di calma che riesce a diffondere sul viso potesse suggerirmi qualcosa.

C'è una parola che da molti anni non le dico:

«La Sanseverina.»

Non gliel'ho più detta perché è meno di un ricordo. Il momento di un'intuizione: il tempo – per lei – di affacciarsi ai vetri di un caffè di Parma, una delle prime volte che ci incontriamo, cercandomi tra i divani della saletta; per me di alzare gli occhi e di vedere alle sue spalle, come se di là fosse venuta, il borgo dove dal muro di destra esce Fabrizio del Dongo.

Una visione che dà al profilo di questa donna che sto ancora cercando di capire una rassomiglianza amata già da molto tempo.

Entra nel caffè. Viene a sedersi di fronte a me. Come un momento fa, la mano fa cadere la tazzina e lei la fissa frantumata ai suoi piedi. Fingo di non accorgermene. Il mio sguardo l'oltrepassa dove laggiù mirabilmente Fabrizio si allontana.

«La Sanseverina» e finalmente sorride di qualcosa.

Mi prende per il braccio e mi porta verso la nostra camera. «Andiamo a dormire» dice. «Proviamo.»

Ci siamo spogliati voltandoci le spalle. Come sempre. Per poi ritrovarci di fronte dalle parti opposte al letto a guardarci con una sorpresa che ogni volta cerchiamo di evitare, ma in cui cadiamo infallibilmente.

Da anni non ci tocchiamo quasi più. Se capita, è un'operazione meccanica che l'uno esegue sull'altra, non avendone sollecitazione, solo un profondo abbattimento. Quando finisce, lei si gira e sospira, facendo in modo che io possa ascoltare quello che vorrebbe essere un lungo discorso che non trova parole; io invece sto con gli occhi aperti a riconoscere tra me e i profili delle cose le ragioni della lontananza che me ne separa.

Le piacerebbe mettersi a letto e scomparire sotto le coperte. Ma è più forte di lei. Un tic, ormai. Rimane soprappensiero con la coperta alzata. Poi fa il gesto di toccarsi un segno lasciato dall'elastico; in realtà si passa le dita come se i tessuti sotto i suoi polpastrelli potessero risvegliarsi dalla loro rassegnazione e la loro forma tornare piena. Impiega in questa operazione la forza ipnotica di occhi ancora vivacissimi, forse anche più trasparenti di un tempo; un giorno le dirò che mi fanno pensare a quando si spara all'antilope e ci si avvicina scoprendo che gli occhi si sono fatti di un tale splendore da diffonderlo su tutto il corpo che pare stia nascendo ora alla bellezza, non il contrario.

Il suo magnetismo e le sue illusioni non servono a nulla. Per cui scuote la testa:

«Mi dispiace» dice.

Non so cosa risponderle.

«È il momento» continua «che ho vergogna di me.»

«Anch'io di me» le rispondo.

Ieri al contrario si scrutava e sorrideva. Quasi assistesse a una sua trasformazione, si sfiorava amorevolmente qua e là: una piacevolezza altrettanto inaspettata portava anche me in una dimensione che me la rendeva di nuovo desiderabile. Non era un mutamento sensoriale, ma visivo. Ossia realmente tornavo a vedere qualcosa che non era reale.

La bocca acquistava un volume rossoscuro e liscio che ne cancellava le pieghe. Il sangue affluiva al volto. Le ossa del bacino e delle spalle riaffondavano nelle membra lunghe e sode della ragazza che io spogliavo pensando alla Sanseverina, in camere parmensi che si affacciavano su favolosi cortili e portici alti e stretti. La prendevo. Poi l'ascoltavo. E ancora la prendevo. Ma più di questo mi piaceva che mi raccontasse come la sua vita, fino ad allora, fosse consistita in un vagabondare a causa del lavoro del padre: da una città all'altra, senza riuscire a stare in un posto abbastanza tempo per affezionarsi. Come fanno i volatili, ripeteva, e lei era diventata così un po' volatile, partendo sempre quando le amicizie, le case, le strade cominciavano a far parte della memoria.

Per cui le sembrava di non poter contare su una vera memoria. Ma su qualcosa di meno, che l'infastidiva: nostalgie. E questo respirare, come diceva, i luoghi nei suoi viaggi, più che capirli e amarli, aveva fatto sì che gli unici suoi legami con la realtà fossero gli oggetti e i volti; dando contemporaneamente al suo modo di guardare, di muoversi, l'inquietudine avida di afferrare e preoccupata di non afferrare abbastanza che è appunto dell'uccello di passaggio, allorché si ferma sopra un albero prima di riprendere il volo.

Così esattamente mi ritornava davanti agli occhi la sua testa d'allora che, dando ciascuno un poco di sé, avevano costruito quelli che come lei dovevano essere stati grandi padri viaggiatori: nello sguardo, nel naso, nelle labbra, nel più rapido tratto somatico che era quello del mento, ne erano visibili le tracce ossia, oltre la grazia dell'insieme delle genti italiche, con una solidità distesa, qualche capriccio delle civiltà isolane.

Anche il corpo era quello.

Quando si sfilava di dosso i vestiti con gesti impazienti, staccandosi anelli e orecchini, e anch'io ne provavo impazienza, ma più che altro per lo spettro solare dei pomeriggi di Parma che, dalle finestre accostate, la investiva con una presenza di mistero cittadino, estraendone come da ogni cosa odori di tiglio, suoni, brusii: tutta una terra mi si offriva, affinché me ne impadronissi, nella carnagione e negli occhi che prendevano un grande risalto.

Per un attimo sono tornato in me stesso.

Diversamente da lei, un gelo mi percorreva dalla testa ai piedi. Ho cercato di pronunciare il suo nome. Non per chiamarla. Perché quella mistificazione avesse fine. Ma in quel momento ha alzato su di me un viso felice. Allora ho capito che era inutile farsi una ragione. Dovevo semplicemente pormi come di fronte a una pianta che, per un trucco ottico, metta improvvisamente dai rami nudi un fogliame verdissimo.

L'armonia recuperata non trascurava nulla: dai seni che girandomi intorno mi nasconde sempre col braccio e dove ora le aureole si spandevano con un loro spessore, ai capelli: più folti, imbionditi.

Sono entrato nel letto. Mi piaceva l'idea di essere raggiunto.

Era davvero un tempo che ritornava su se stesso. Con le sembianze di un altro essere che, da un mondo di capriccio corporeo, si impadroniva di lei.

Era la resurrezione della carne.

«Stanotte mi sento bene» diceva.

Il benessere che ci aveva presi era tale che ci bastava toccarci.

Come mi è bastato toccarla perché la fessura del sesso si aprisse con la rapidità di ogni altra cosa al contatto; da quanti anni non udivo, sommesso e autoritario contro il mio orecchio: «Prendimi»; e quanti anni erano stati muti dentro quel letto dove il mormorare e poi il disordine di un riso e poi un lamento crescevano nel silenzio a cui ci eravamo rassegnati. Persino l'orologio tornava vivo. Il suo ticchettìo si insinuava tra noi.

L'idea di un bacio sulla sua bocca fino a un momento prima non mi avrebbe nemmeno sfiorato. Ora mi accorgevo di baciarla. Dove mi chiedeva.

Non era più la penetrazione dolorosa a causa del suo mondo

che rifiutava il mio e automaticamente si chiudeva nel sesso; al contrario mi facilitava e mi chiedeva di immergermi dentro un suo spessore sempre più profondo. E sorprendente era che le sue mani mi aiutassero. Le altre volte non riuscivo a vedere che le mani abbandonate ai miei lati per farmi capire, con la loro voluta inerzia, che ero un intruso: ciò mi gelava al punto che avevo l'impressione di espellere alla fine il liquido che si spreme da un insetto.

Questo, invece, era il mio seme.

Ma non appena scivolò nel suo corpo cadde su di noi e nella stanza la contemplazione fredda delle cose, nella quale cadeva anche ciò che non è visibile e forse non esiste. Nemmeno l'orologio si udiva più. Le sue lancette erano ferme su un'ora che non poteva essere la nostra.

Contemporaneamente il profumo di nostra figlia si diffondeva ovunque.

Capimmo insieme che, ciascuno nel suo modo, ne avevamo posseduto l'immagine. E fu per allontanare questo pensiero che la mano di mia moglie si alzò contro il paralume.

Restandovi ferma.

La fissammo tornare dal suo viaggio nel sogno e – profilandosi le ossa alla luce – la verità cominciò a filtrare. Tutto vi si riduceva e riprendeva a immiserirsi.

Come se nostra figlia l'avessimo avuta davvero in mezzo a noi e ne avessimo abusato.

Mentre, ancora una volta, non era stato che uno dei miraggi di quel deserto dove la fine assume anche forme capricciose e belle, per prepararci ad accoglierla un giorno nella sua vera forma.

VII

Era soltanto aprile. Ma un sole caldissimo cadeva sulla tavola.
Facevamo colazione sotto la finestra che preferiamo.
Si vede la campagna romana, verso l'aeroporto dell'Urbe.
Ci siamo sorpresi a discorrere di cose indifferenti. Tutti e tre legati dalle normali abitudini di un tempo. Mia moglie parlava di una casa paterna che dovremmo restaurare nella campagna lombarda. Ma nella quale non andiamo da anni.
Potremmo andarci, ha proposto, in queste vacanze di Pasqua.
Ero d'accordo.
Abbiamo guardato nostra figlia aspettando il suo parere.
Lei ha proposto invece: andiamo a Mykonos. Anche laggiù abbiamo comprato una casa e non l'abbiamo ancora vista finita.
In molte delle Cicladi, le ho detto, sono scoppiati disordini. Ci sono state sommosse in vari penitenziari che ospitano detenuti politici. Anche un mio viaggio di lavoro è stato impossibile.
Ora è tutto passato, ha risposto.
Era seduta a ridosso della finestra. Dentro una luce che la rendeva a stento visibile.

Ci accompagnerà l'ultimo dei suoi M.Z.

Si sono andati sostituendo l'uno all'altro. Anzi, si ha l'impressione che ogni nuovo M.Z. nasca dal precedente e che l'M.Z. appena sostituito si trasformi in fossile. Ce ne sono parecchi stratificati fotograficamente nella sua camera tra i pesci e gli arpioni.

Senza che mia figlia ne abbia, tuttavia, nessun culto della memoria.

Homo Erectus, dico a quest'ultimo.

Cerco di vederne qualche relazione col mondo del pensiero quando vola sulla motocicletta rossa, trascinando come una coda la sua violenza e la sete di fuggire dal suo nulla. Mia figlia lo fissa arrivare con gli occhi del gatto selvatico. Non mi è ancora chiaro se sia lei la vittima. O il contrario.

Prima di raggiungersi, si scambiano un'occhiata da postribolo.

Siamo tornati a Delo.

Il meltem inclinava fortemente il battello che ha deviato in un giro più largo. Che mai abbiamo fatto. Mentre ci lasciavamo alle spalle l'istmo di Reneia, ho visto con precisione la forma dell'isola, come un cranio di granito.

Già erano in vista i caicchi ormeggiati al molo occidentale di Mykonos.

Un mio presentimento saliva dalla geometria della schiuma: rotta e subito ricomposta. Ciò che cancellava la visione del Santuario cessava di essere una semplice furia del mare. I bagliori. Vene rosse dentro le onde uguali alla polpa di un legno o come se il mare venisse striato da un sangue vulcanico. Poi, sopra la tempesta, il giorno che sembrava finito era in realtà fumante di pioggia, gremito di uccelli che volavano pesantemente. Lanciavano il loro grido. E io mi stupivo che da tale lontananza mi fossero visibili non solo le ali in armonia con le inclinazioni della prua, ma le code aperte a ventaglio.

Il sole era scomparso. Eppure un giallo ocra ruotava contro la fiancata con le intermittenze di un faro e un tepore solare mi accarezzava la faccia. Gli uccelli hanno cominciato ad azzuffarsi: uno di essi ha buttato in alto le ali ed è precipitato. Esplodendo in una macchia grigia fatta di pura velocità. Mia figlia, mia moglie, M.Z. sedevano sottocoperta e leggevano dei giornali. Davano idea di non accorgersi di nulla. Non hanno alzato la testa nemmeno quando i marinai hanno gridato tutti insieme perché

101

l'uccello s'era schiantato in uno spazio quieto tra le onde chiazzandolo di sangue.

Subito ho riconosciuto il punto.

Sopra la mia città sepolta.

Il vento vi stemperava il sangue e insieme vi allargava le ali assai più grandi di quanto possa averle qualunque uccello marino. Il battello le ha spostate con la scia di una decina di metri.

«È incredibile» ha commentato il capitano. «Un fenomeno strano e mai visto prima d'ora.»

Ho guardato il capitano e di nuovo il punto che s'allontanava velocemente. Ho avuto l'impressione che l'uccello si fosse inabissato e che il colore del mare fosse laggiù quello dei grandi pesci, dei grandi abissi e dei grandi uragani. Ma può un uccello scomparire sott'acqua come un delfino? Trascinato nient'altro che dal peso del suo corpo? Di certo, non era più visibile.

«Lo stanno nascondendo le onde» ha detto il capitano. «Fra poco riapparirà.» Invece non è più riapparso.

Questa è stata la prima visione.

Poi abbiamo puntato sul faro di Mykonos e siamo approdati lungo una superficie marina che non segnalava più alcun volo, all'improvviso disertata anche dalla tempesta che s'ingolfava verso Reneia, ritornando il giorno con un chiarore d'alba che ci spingeva in un'altra latitudine.

Quando arrivo a Delo. E guardo il Lago Sacro sepolto dalla terra rossa da cui spunta solamente il tiglio, fantasticando sull'usura dei gradini dei Propilei, che ricorda l'immensità dei pellegrini che vi sono saliti. Oppure rifletto sul mosaico del vestibolo nella Casa dei Delfini dove è disegnato in nero il simbolo della vita; e me ne allontano vedendo le luci del piccolo carcere di Reneia che illuminano il cortile nel silenzio e affacciato alla Fossa della Purificazione.

Quando le mosche agonizzano nel sole che tramonta sulla parete della Profezia: «Il mondo intero si raccoglierà qui a portare ecatombe a questi altari». O cominciano i rumori, e durante l'ora dell'aria i piedi dei detenuti battono con il ritmo delle danze di guerra: la scena più indemoniata per l'acqua che sprofonda nel canale di cemento, il fetore delle cloache, l'Hermes di marmo flagellato da un detenuto pazzo. O il crepuscolo illumina la sommità del Cyntho. E poco dopo mi addormento nel letto intagliato con antica sapienza artigiana.

Quando tutto ciò esiste, allora so che qualcosa sta per arrivare al termine.

Nella mia parte di verità, in quella d'invenzione o nella terza di gioco: in cui si nasconde un mio riso mentale non ancora cancellato, con cui racconto quelle che chiamo favole sia al mio amico Giulio che a Minosse.

«Guarda» ha esclamato.

Non riuscivo a distinguere nessuno dove mia figlia mi indicava. Il meltem correva fortissimo eppure in silenzio. La sua polvere univa il cielo e la terra. Apparivano a tratti i fondi verdastri levigati dalle maree e, sulle rocce affioranti, una quantità di uccelli che le ricoprivano e resistevano insieme agli assalti del mare.

Ci eravamo riparati tra i banchi calcarei che si alzano dalla Fossa della Purificazione di Reneia.

«Non vedo nulla» ho risposto.

Eppure insisteva.

Affondava nella nube che la burrasca proiettava contro i banchi; e come quando si era inginocchiata sopra di me, a dirmi le prime parole dopo avermi strappato dal fondo del mare, oppure aveva annunciato il suo proposito di tornare a Delo, la vedevo a stento. Ma il sorriso vendicativo era lo stesso. Più esattamente, era la stessa idea che sui tratti facciali si disegnasse un sorriso che non le apparteneva.

Mi era capitato percorrendo i corridoi di qualche palazzo appena portato alla luce. Nel suo abbandono mai attraversato per secoli o millenni dall'uomo – e che dà l'impressione, prima di subire completamente la profanazione, di far nascere sussurri qua e là e occhiate inesistenti – si scopre che su un volto dipinto una mano d'epoca successiva ha sovrapposto una bocca o degli occhi diversi.

Un'altra similitudine la creava il raggio che si faceva strada obliquamente nel meltem, tra le navi e gli altri scafi che tornavano calmi, venendo da Delo ora visibile sul fondo. Anch'esso si sovrapponeva ad una realtà differente, ma la modificava e la induceva ad assecondare la sua bellezza.

Riuscivo a vedere anche le cale e le baie, sia pure soltanto nel loro profilarsi ceruleo.

Distinsi infine le due cose che mi indicava. Per primo, in aria, il gabbiano. Contro nubi alle quali il meltem dava il colore del suo piumaggio. Guadagnava altezza con fatica, come dopo essersi tuffato su una preda. Il suo modo di volare ricordava quello dell'uccello che era precipitato davanti al battello durante l'arrivo a Mykonos.

Anche questo gabbiano s'accoccolava sull'aria in direzione della mia città sepolta.

Tra le ali orizzontali veniva bloccato da un'immobilità che durava in misura irragionevole, e allora brillava sulla testa una goccia sanguigna. Poi cadeva a perpendicolo di un centinaio di metri. Per descrivere una spirale, fluttuandone rovesciato e librandosi di nuovo, con giri che richiamavano un ballo d'addio o una figurazione dell'Hassàpicos quando il ballerino si fa nostalgico e si astrae da ogni cosa sulla pista deserta e cosparsa di frantumi.

A picco sotto il gabbiano, la figura umana.

Aveva un vestito bianco. Il meltem lo alzava e lo abbassava come le ali che sembravano fare da guida nel cielo. Era una donna. Costeggiava le fosse piene di alghe, i massi di calcare e procedeva nella più totale solitudine.

Tra lei e il gabbiano una perfetta identità.

Anche la donna affrettava il passo controvento, poi si fermava col gesto di rinchiudersi dentro l'aria. Di nuovo apriva le braccia, riprendendo la sua quota con una corsa giocosa; descriveva anch'essa una spirale sulla sabbia a raffiche.

Mi stavo chiedendo come una creatura umana potesse comportarsi in quel modo e trovarsi sola nella burrasca che piegava i rami, strappava le foglie e faceva sparire il sole addensandovi a ponente nuvole nere.

Quando, con grande meraviglia, ho scoperto che era mia moglie.

«Vedi?» mi ha detto mia figlia. «È malata. Tu non lo sai, ma è malata.»

Mi era impossibile credere alla verità sia di questa visione che di quella voce.

«E anche il gabbiano è ferito» ha continuato.

Mi ha spiegato che anche i pesci, quando un male li prende o ricevono il morso velenoso di un rivale, procedono così nel fondo del mare. Scattano lontano dal pericolo. Si irrigidiscono automaticamente in uno stato che pare ipnotico. È lo stupore del male. Crollano di schianto. E quella che segue non è che la spirale dell'agonia. Queste e altre cose le ha insegnato il mistero marino. Alcune – ha ammesso – ha tentato di farmele capire già quel mattino dei pesci arpionati sulla terrazza. Esse provano l'affinità che nei momenti fatali unisce gli esseri viventi dell'aria, della terra e dell'acqua.

Allora le ho detto a mia volta:

«Seguimi. Anch'io voglio che tu riveda una cosa, dopo tanto tempo.»

Ha riconosciuto l'imboccatura della galleria che la faceva scendere nel cuore della terra. Ho dovuto illuminare il primo tratto con una torcia. Per arrivare al quadrante del gruppo elettrogeno. Quando abbiamo raggiunto l'ampia sala centrale, si è staccata da me. Ritrovava tracce remote. Ha aggirato la piattaforma che serve agli operai dello scavo per salire al soffitto e si è fermata all'altare che, nella luce del riflettore, sembra costruito in argento. Col sarcofago dove c'è la rappresentazione del sacrificio del toro e il corteo delle donne è preceduto dalla sacerdotessa che porta lo stemma del Nodo Sacro.

«Ti ricordi?» le ho chiesto.

Ho atteso con paura che mi dicesse di no.

«Sì. Perfettamente. Anche se molte cose sono cambiate.»

Le ho descritto il terremoto che due anni fa ha investito Reneia. Sul fondo della sala ha formato come un arenile di sabbia viola. Un palcoscenico naturale sul quale il riflettore scompone l'ombra in sagome bizzarre. Una crepa si è mantenuta sulla parete di fronte all'ingresso, ma l'altare si è salvato e poche cose sono andate distrutte.

Mia figlia si ricordava talmente bene che mi ha prevenuto, andando alla destra del corteo dipinto. Ha subito scoperto la stele.

Qui, come ho raccontato a mia moglie la notte di Kritsà, l'avevo portata otto anni prima. Facendole toccare il disco simile a quello di Festo: e le mani bambine, ancora lontane dalla conoscenza, che si aggiravano sulla scrittura indecifrabile e nella quale stava forse un grande segreto dell'umanità, mi sono tornate alla mente come se il rito si compisse ora, dandomi una profonda emozione.

Del disco, che ho staccato, è rimasto il calco perfetto. L'ha toccato. Come quel giorno.

«L'avevi appena scoperto» mi ha detto.

Mi sono seduto accanto a lei.

Ha continuato sorridendo: «E io ti ho chiesto: se questi segni non significassero niente?».

«Anch'io mi ricordo. Ho cercato di convincerti che ciò non era possibile, semplicemente perché appartenevano a una grande civiltà dell'uomo.»

«Con il buonsenso di una bambina, io ho insistito. In questa civiltà non poteva esistere uno che scriveva cose insensate? E oggi potrei aggiungerti: proprio perché è della civiltà massima arrivare al riconoscimento del nulla.»

Mi fissava intensamente.

«Allora tu non hai saputo darmi una vera risposta. Ma delle parole, nient'altro. Mi sono rimaste chiarissime. Mi hai detto: se anche non significassero niente è qui che sono tornato a sentirmi libero. Un giorno capirai ciò che sto cercando di spiegarti. Ma ricordati. Io non scavo qua dentro per fuggire dalla realtà, bensì per trovarne un'altra. Perché quella degli uomini mi fa orrore. A mia volta ti ho chiesto timidamente: e non ti fa paura restare chiuso nella terra? No, mi hai risposto. È l'unico luogo dove non ho paura. Come la scoperta di questa scrittura è il mio capolavoro. Nessuno ci credeva, che esistesse. Leggende, dicevano. E io scavavo. Una parete, un'altra.»

Continuavo a sorprendermi.

«Come fai a ricordarti così esattamente?»

«Quel giorno, per il tuo egoismo, hai voluto usare una violenza alla mia mente che poteva afferrare appena le più semplici cose. Per una bambina è peggio che essere violentata nel corpo. Sono violenze che non si cancellano. Esse condizionano una vita.»

Siamo rimasti in silenzio. Fissando il calco del disco.

«Almeno» ha ripreso «ne hai decifrato il segreto?»

«Sì» le ho risposto. «Credo di sì.»

«E qual è, questo segreto?»

Adesso ero io a passare le dita sulle iscrizioni geroglifiche.

«Sparì dal mondo qualcosa che il mondo non vedrà mai più. Qualcosa che era forse fantastico e crudele, ma anche molto bello.»

«Di nuovo non stai rispondendo alla mia domanda.»

«Nel disco sta anche scritto» ho continuato «che questo non è ancora il termine. E la fine sta oltre la parete.»

«Oltre questa parete c'è il mare» mi ha ribattuto mia figlia con uno scatto ostile.

Mi ha afferrato il braccio:

«Ascoltami bene: il mare. Soltanto. Con i suoi fondali. Quale segreto può contenere? Io lo conosco meglio di tutti. E adesso posso confermarti: nessun grande segreto che non sia, appunto, il manifestarsi della vita.»

«Ciascuno ha il suo Dio» ho insistito. «Questo è il mio.»

Mi ha sorriso con compatimento:

«È un sasso. Otto anni in questa grotta per non scoprire che un sasso. Tu sei soltanto un pazzo.»

Mia figlia si è alzata. Laggiù, la luce dell'imboccatura. Affrettava il passo, stava per fuggire.

Le ho detto:

«Aspetta.»

C'era un raggio di sole che filtrava da una fenditura, come da un punto irreale. Quel raggio mi divideva da lei e illuminava un fiore solitario, assurdo in quel regno delle ombre. L'ho staccato e sono andato ad offrirglielo.

«Qualcosa che nessuno dei tuoi uomini potrà mai offrirti» le ho detto. «Un fiore sbocciato dall'aldilà.»

Lo ha preso. Era turbata.

Ho guardato intorno:

«Queste sono le uniche cose pure.»

«Perché sono morte» ha replicato buttando il fiore ai miei piedi. «Tu non lo puoi capire. Hai sempre avuto paura della vita. Perciò ti sei rifugiato nell'imitazione del suo contrario. Sei stato sempre, anche tu, una di queste cose. Per arrivare a conoscere il loro nulla, ti sei dimenticato di conoscere me, mia madre.»

«Io credo di conoscerti.»

«No.»

«Posso ancora fare qualcosa per conoscerti?»

«È tardi.»

«Perché?»

Mi ha indicato il disco.

«Dovresti imparare dal principio un linguaggio che è l'opposto di quello. Non più il linguaggio delle cose pure o morte che siano. Ma del disgusto. Perché la conoscenza della vita è disgusto.»

«Insegnamelo» le ho detto.

«Lo sto facendo. Per salvare in te il salvabile. E tu lo sai.»

Era una conclusione. Ma io insistevo:

«Il fatto stesso che io ti abbia generato è conoscenza di ciò che dici.»

«È vero. Ma è l'unica che tu abbia di me. Essa non mette in gioco le parole e i modi. Ma qualcosa di definitivo. La radice stessa che contiene in sé la morte e la vita.»

«E allora?»

«Devi mettere in gioco questo qualcosa di definitivo.»

«Lo farò.»

«Hai affollato di mostri non soltanto il tuo mondo. Ma anche quello di mia madre. E stai tentando con me. Ti sarà difficile distinguere la verità dei tuoi mostri da quella degli uomini. Ti è già difficile.»

«Proverò» le ho detto umilmente. «Proverò ancora.»

«Se tu fossi stato più umano, questa parola che sembra non significare nulla, e la vedi ridicola, eppure è scritta dovunque intorno a noi in questo posto, l'unica decifrabile... Non sarebbe accaduto niente.»

«Non sta accadendo niente» ho mentito.

«Tutto. E non te ne accorgi. Oppure ti illudi che non sia vero. È vero. Ciò che temi. Il peggio che può capitare a un uomo.»

È scappata via.

Già era scomparsa.

Allora, raccogliendo da terra il fiore che non aveva accettato, mi sono accorto che era ancora saldamente legato alla sua radice.

Dunque mia figlia non era mai stata in quel luogo. E nessuna di quelle parole era corsa tra noi.

Mi sono girato. Come per una presenza improvvisa alle mie

spalle. Era un'illuminazione. Pari all'altra che, otto anni prima, mi aveva portato a scoprire l'altare e il disco. Non mi arrivavano che gli assalti del mare contro la parete. Mi parevano tanto forti da far tremare l'altare e da allargare la crepa che lo sovrasta. E che dal calco del disco provocassero la caduta di una polvere d'oro.

Ho capito che la scrittura diceva la verità.

Ma una verità che riguardava solo me e nessun altro. Il grande segreto dell'umanità era stato inciso in quella larga ostia bianca della luce del riflettore affinché servisse solo al destino di un pazzo.

Oltre la parete infatti, come il disco indicava e mia figlia aveva detto, non c'era che l'abisso marino.

E la mia città sepolta.

«Ha cercato di ucciderla» gli dico.

«Raccontami con ordine» mi risponde Giulio illuminandosi nella sua pazienza. In fondo gli piace questo ruolo di scriba mentale.

«Avevano litigato. Sotto i miei occhi. Mia figlia si era precipitata in mare. Sua madre l'aveva rincorsa. Poco dopo M.Z. ha attraversato tranquillamente la casa. La muta a piastre argentee lo copriva. Si chiama Pinguino ed è tagliata sul petto per consentire al torace di espandersi nelle lotte subacquee. Portava addosso l'erogatore, la maschera, le pinne a pala, la fotocamera, il pugnale. Stringeva il Mirage.»

«E allora?»

«Allora ci è passato davanti senza vedere né me né Minosse che pure gli abbaiava contro. Era il miles gloriosus del mare che partiva per la battaglia. Verso le rovine del Monumento del Toro. Lo sguardo corrucciato. E si compiaceva di ascoltare il rumore delle proprie armi. Anche Minosse ha smesso di abbaiare; non ne valeva la pena; la bocca gli è rimasta aperta per la sorpresa di tanta idiozia e violenza. Dopo essere stato attraversato, il nostro paesaggio ha ripreso la sua quiete solare. È bello, nell'ora del crepuscolo, quando sfavilla il tiglio del Lago Sacro.»

Giulio mi ha raggiunto da Roma. Portandomi la sua sicurezza da navigatore solitario. Capace con corde e vele anche nelle mie bizzarrie che soffiano sul suo candore come improvviste tempeste.

«Ma il dramma?» chiede.

Gli sorrido.

Adesso sono io paziente verso di lui. E la mia è appunto una favola. Come quando gli ho descritto l'incidente di quella sera e la scena della mano che usciva dal telo.

«È stato terribile» gli dico, ma come si dice terribile a un bambino. «In cima alle rovine del Monumento del Toro, che stanno là sospese nel cielo, è spuntata mia figlia. Correva. Con urla disperate. Il costume strappato. Subito dopo è apparso M.Z. Si è scagliato su di lei. L'ha schiaffeggiata e presa a calci. Lei gli lanciava sabbia contro gli occhi. Ma era inutile. Il motore di M.Z. girava a mille. E quando è sopraggiunta mia moglie si è trovata tra due creature a pinna, dalla furia per lei inspiegabile.»

Giulio è rapito. Dal momento che la favola lo incanta, è giusto che s'aspetti il massimo. Da come mi fissa penso che s'aspetti il morto.

Torna a chiedere infatti, non tollerando le divagazioni:

«E allora?»

Come i bambini, non sa provocarmi con altra parola.

«Allora mia figlia restava inginocchiata. Sanguinava dal naso. Tentava di alzarsi. Ma aveva perduto le forze. Singhiozzava. Una disperazione da uccello scovato nel nido sopra le uova, di quelle che eccitano il carnefice e la vittima. Infatti M.Z. ha alzato sulla sua testa il pugnale subacqueo.»

«E allora?»

«Il colpo è affondato a picco.»

«Davvero?»

«Certo» gli dico sapendo bene di deluderlo. «Ma è stata la mano di mia moglie a deviarlo.»

Giulio infatti è deluso:

«Tutto qui?»

«Sì» gli confermo. «E quelle visioni facevano ancora una volta da specchio al mio sforzo di tutta una vita per preservare mia figlia anche dalle più piccole umiliazioni.»

Non gliene importa molto di questo dettaglio. Si alza.

«È successo qui» gli mostro. «Vedi? Loro sono scomparsi e

113

quando io e Minosse siamo arrivati di corsa erano rimaste soltanto due tracce.»

Gli indico l'impronta insanguinata della mano di mia moglie alla base di un cespuglio fiorito.

«Questa» dico.

Giulio ritorna sui suoi passi. Si fa di nuovo attento. Le cinque dita sanguigne esistono. Le sta vedendo. Le tocca. Anzi, cerca di far coincidere le proprie dita con quelle: spariscono sotto la sua mano. Non c'è dubbio che l'impronta sia stata lasciata da una donna.

«La seconda traccia» continuo «era invece insignificante. Dalla zampa di Minosse che la scopriva, ha preso a saltellare verso il mare.»

«Che cosa?»

«Ecco» gli dico.

Stringo il bottone, prima di passarlo sulla mano che Giulio mi tende.

«Un bottone. Davanti a noi non c'era che un bottone. Che luccicava sulla roccia. Che io e Minosse inseguivamo come se avesse la grandezza di una balena. Un bottone del costume di mia figlia, che io ho riconosciuto benissimo.»

Giulio abbassa la testa.

«Ma perché?» mormora.

L'umiliazione – lo vedo – gli riempie gli occhi. È una vena sorgiva che mi fa capire come ancora esista un candore che assolve la vita. Forse è solo per questo che gli racconto le mie favole.

«Ma perché?» ripete.

Protesta così contro quelle che crede irreali stranezze. Si sente deriso e defraudato. Lui vorrebbe che il sipario calasse su una scena piena di tigri e di leoni, mentre non posso offrirgli che le squallide rovine del monumento a un Toro.

Ma non sa invece che è la verità.

Anche se non ci crederà mai.

E fa male a buttare con rabbia il bottone. Ad incamminarsi verso il mare girandomi le spalle. Perché quel bottone, anche se è solo un bottone, è importante.

E ciò che gli ho detto è avvenuto.

«*Sciarósa, pendula alma...*»

Un esorcismo contro le piene del Po.

Ho parlato del mio riso mentale.

La sua forza è nata dal dialetto della mia terra. Quando la nostra vita era un *cavaciòld*.[1] Ed era soprattutto la *sciarósa* a risplendere. La luna anima pendula che da piena va in ombra. Luna sinistra. Che s'affila al male.

Nessuno conosceva l'origine di quel canto.

Eppure lo cantavano i barcari nelle lanche. Slittando i barconi a seconda del prevalere delle voci nel coro. Lo cantavano i cavallanti nelle corti agrarie. Nelle cene all'aperto. Sulle pinte e i tarocchi. Levandosi i cappelli con molti saluti ai fantasmi delle notti promiscue tra un va e vieni di donne con grandi candele accese e favolosamente senza mutande. E i mastini dietro infoiati. E anche i gatti. E l'altro cantare sull'orizzonte del gallo che ingalla.

L'anatema migliore luccicava di sperma.

«*Sciarósa, pendula alma...*»

In una lattina di smalto rosso risuonavano le povere cose della Jolanda regina delle puttane.

Allora ho imparato a raccontare la verità come una favola. Ma non il contrario.

---

[1] Strumento per togliere i chiodi. In senso figurato, l'essere costretti alla più inutile fatica.

Il canto, infatti, si chiudeva così:
«E scapussa in-t-la vida
la fola l'è bel e fnída.»[2]

[2] E inciampa nella vita – la fola è bell'e finita.

Come quando si mettono i piedi in acqua senza saper nuotare. Con il mio riso mentale ho cercato di comunicare con M.Z.: di penetrare in qualche modo nella sua oscura estraneità marina.

Non disponevo di un mezzo di comunicazione più forte.

Ma è stato inutile.

Anche ieri lui camminava davanti a me. Eravamo tra gli scogli, senza dirci una parola. Pensava agli affari suoi mentre io non pensavo a niente. O forse era un pensiero anche il guardare dove mettevo i piedi dietro i suoi piedi. Ho visto infatti una delle sue scarpe che scattava contro il tronco di un albero.

La biscia acquatica, colpita dal filo di cuoio sotto il capo, mi è rimbalzata addosso.

L'ho raccolta. Era quasi spezzata.

Le ho staccato io la testa e l'ho offerta con due dita ad M.Z.

Allora gli ho chiesto cosa pensasse della morte.

Mi ha guardato prima con occhi imbambolati, poi ha scagliato con orrore la testa recisa.

L'orrore dell'essere anfibio.

Un fenomeno simile, benché apparentemente d'attrazione e non di rifiuto, era accaduto una domenica, quando l'avevo seguito dentro una chiesa insieme a mia figlia. Ci eravamo fermati per caso. La sua testa si distraeva cercando verso la cupola: forse quei voli d'insetti nel sole diffuso.

Era più che mai un involucro coperto da un corto pelame. Stordito dal silenzio della religione che ci teneva entrambi nella medesima contemplazione.

Ha attraversato la navata.

È andato verso l'ostia offerta con l'automatica ingordigia del pesce che si vede calare una mollica di pane avvolta all'amo.

Così ha aperto la bocca. Ha ingoiato l'ostia.

Per cui – da ciò che egli è – resterò sempre diviso.

Sta disteso su un grande asciugamano rosso. Davanti al mare. Il pomeriggio è di sole pieno. Mi limito a fargli ombra.

M.Z. si prepara al sonno con un nervosismo alle gambe. È un ricordo ritmico e ancestrale a cui le sue gambe obbediscono. Succede anche al *Pesce porco* – mi ha spiegato mia figlia – dai denti fortissimi a forma di scalpello e che frantumano i coralli.

Il *Pesce porco* dorme col muso puntato alla roccia. Ma le pinne dorsali, formate da aculei, battono e si scontrano. Richiamano una musica dall'alba della vita.

Gli indigeni si immergono e lo fissano.

È la musica – dicono – delle gocce della pioggia sulle foglie durante l'infuriare delle tempeste.

Come me, si fanno sempre più vicino al pesce. Ascoltano.

Quella di M.Z. non so che musica sia.

Semplicemente la sua, forse. Di lui che sta da corpo nelle cose: portatore di quell'unica certezza che è il pericolo.

Le guardie del carcere di Reneia hanno sollevato le armi.

I detenuti sono rimasti in lunghe file addossate ai muri, circondando un falò acceso come sempre a quell'ora.

Il meltem soffiava.

Da giorni il carcere era turbolento.

Guardavamo il cortile dalle rocce che circondano la parte alta dell'isola e una luminosità inconsueta delle cose, anche le più lontane, stava nell'aria. Un fenomeno assai differente dal tramonto.

Mia moglie è stata la prima a scorgere la coperta gettata verso i tronchi in fiamme.

Di soprassalto il silenzio del carcere è stato un grido: quindi una pioggia di sassi è caduta dalle esplosioni. Un detenuto ha attraversato di corsa il cortile portando un ramo infuocato con cui ha toccato, via via, punti diversi. È caduto di schianto accanto al suo stesso fuoco. Ma un groviglio spinoso, che ardeva ancora più violentemente, lo ha sostituito, venendo trascinato da ombre in linee geometriche. Si è bloccato. Anche coloro che lo portavano sono stati abbattuti.

Un ufficiale si è precipitato alla torretta.

L'asta con la bandiera si torceva. Si è staccata volando con la sua coda di fuoco tra i detenuti che si abbracciavano atterriti. Molti fuggivano coprendosi con sacchi. Anche i silos sono scoppiati intorno ai corpi appiattiti tra le pozze di sangue. Con una velocità superiore a quella delle fiamme, un'orda di topi si è tuffata in mezzo agli uccisi. Facevano guizzare le code. Si aveva l'impressione dei loro denti lucenti.

Altri detenuti precipitavano dentro i fossati. Oggetti schizzavano in aria. La costruzione era scossa da colpi di tuono. Le fiamme trovavano alimento nei mucchi di assi impregnate di resina. Hanno raggiunto le guardiole. Una folla stordita si ammucchiava ai piani alti. Un vitellino avanzava sulle esili gambe, retrocedeva, spingendolo il terrore a cercare la madre. L'oscurità di tutta l'isola risucchiava l'incendio in un sentiero liquido che si delineava tra le rocce e lasciava ai suoi margini una pace che pareva soprannaturale.

Un detenuto si è inginocchiato a poca distanza da noi e ha cominciato a pregare tenendo alla corda un cane che alzava la testa, tentava di abbaiare, ma restava muto. Anche dagli altoparlanti del carcere una voce profonda diffondeva invocazioni: ma esse erano come fuse e non si distingueva una parola.

La luna è spuntata sull'incendio. La sua luce fredda ne ha moltiplicato la grandezza.

Eravamo in un punto in cui il fuoco, pur accerchiandoci, non avrebbe mai potuto arrivare; lo hanno capito anche molti gabbiani che si sono disposti tutt'intorno. Abbacinati si lasciavano prendere. Se allungavo la mano e li toccavo, il loro cuore batteva con violenza sotto il piumaggio. Una fiammella si è affacciata tra le nostre scarpe: è scomparsa lasciando un fumo blu e l'illusione che quella roccia fosse un'arca della salvezza che si affollava di creature diverse.

«È uno spettacolo» ha mormorato mia moglie. Le è mancato il coraggio di aggiungere: «Bello».

Colori che lampeggiavano sul nero le creavano una maschera che si incontrava con la mia.

Eravamo due potenti divinità di terra.

Additava infatti la devastazione come se fosse stata lei ad evocarla. Ma il calore sulla pelle era tale che ha infilato rapida la mano tra le mie. Ci trovavamo di nuovo al punto massimo di una vicinanza senza averlo voluto.

Ne è nato un desiderio che prendeva corpo.

Mia figlia era là in aria che balzava di roccia in roccia, che agitava la mano disperatamente chiamando a seguirla qualcuno che restava nel buio: si è precipitata in mare con un lungo tuffo. Abbiamo visto come il vento la spingeva a una salvezza pari alla nostra, bianca di onde.

L'isola era al colmo del fuoco.

M.Z. è apparso dopo che mia figlia non poteva più chiamarlo ed è rimasto a guardare le pareti d'alberi che si abbattevano; le mani dietro la schiena: certo che mai fuoco umano avrebbe potuto raggiungerlo. Così ci ha trasmesso la certezza altrettanto forte che in quel momento egli era felice che il mondo degli uomini naufragasse nel nulla. Eremita di un altro mondo, contemplava con disprezzo la morte terrena.

I gabbiani lo fissavano come un giorno avevano fissato il degradarsi di un altro M.Z. lungo la spiaggia di Delo.

La sua tranquillità era logica.

Per raggiungerlo, il fuoco avrebbe dovuto precipitare dalla nostra posizione, cioè alle sue spalle. Ma l'unico e maestoso ramo che stava immediatamente sotto di noi e che già appariva una sfera di liquido incandescente che mandava dalla cima una serpentina nera, si piegava dalla parte opposta, dove sarebbe crollato.

Bastava un movimento insignificante per staccarlo e orientarlo.

Ho stretto la mano di mia moglie.

Così ci siamo accorti che ci divideva il solco della piaga non ancora rimarginata nel palmo, che aveva lasciato il colpo di pugnale di M.Z.

Se c'è una felicità sulla terra è quella che non prepara anzitempo nulla di se stessa, ed esplode, con una sua autonomia: questa è la felicità che mi ha attraversato mentre il piede scendeva per quel tratto di roccia, ne sondava la consistenza, lasciandosi cadere al lato sinistro e così staccandone il ramo dalla radice dissolta in cenere, e il ramo si è contratto sotto la mia spinta, mentre fissavo nel suo globo pieno di luce gialla e nera non già la possibilità di dare una morte perfetta, di cui nemmeno chi si stringeva a me avrebbe potuto scoprirmi responsabile, ma unicamente la felicità che ne provavo.

Il ramo è volato al suo scopo. Peccato che mia moglie non potesse vederlo.

Il pesce squarciato dall'arpione non manda suono.

E nemmeno M.Z. ha alzato un lamento che fosse udibile quando il ramo lo ha centrato, e più cercava di liberarsene più rotolava come una torcia verso la sabbia della spiaggia.

Sopra la Fossa della Purificazione, alla grande croce, l'alba ha la luce di quando il mare si avvia all'imbrunire.

Nessuno ha ancora trovato il corpo ustionato di M.Z.

Ma le barche girano tra gli scogli. Sempre più vicine.

Il mare che gli è a ridosso è verde. Il fuoco ha deposto squame di ruggine sulla sua fronte e, negli squarci dei calzoni, la pelle è pressoché scomparsa: ricorda le unghiate che il corallo lascia a chi si immerge nei fondali più insidiosi.

Mia moglie lega un fazzoletto bianco sulla punta di un ramo e conficca il ramo accanto al corpo.

Così lo individueranno con più rapidità.

M.Z. soffre atrocemente. Ma non fa un movimento. Si limita ad aprire e a chiudere la bocca. Per cui dobbiamo riconoscere che nel suo essere M.Z. ha una sua grandezza. Ma per me non esiste: come se davvero fosse morto insieme al mio miraggio e sulla sabbia non si rendessero visibili che le lacerazioni di un tronco d'albero. Ora so che non sono stato io a staccare il ramo. Eppure quella felicità l'ho provata. Quando il ramo, anziché piegarsi sulla destra, è volato dalla parte opposta.

La spiaggia si è spaccata in banchi anneriti dall'incendio. È una crosta, ma il piede vi affonda ritrovandola soffice.

«Andiamo» dico a mia moglie.

Sembriamo due amici che compiano una passeggiata dal corpo di M.Z. verso l'orizzonte. E veramente camminiamo contenti, senza preoccuparci di cosa sia questa contentezza, guidati ancor più dentro di essa dai segni rimasti sul mare, dalle voci e infine soltanto da questo attraversamento grandioso come tra fiordi apocalittici ritrovando la luce prima della creazione che risorge sulle catastrofi.

Mi accorgo che nel palmo di mia moglie la piaga lasciata dal colpo di pugnale assomiglia al disegno tatuato di un piccolo pesce azzurro e rosso.

Viene in vista un'imbarcazione.

Avanza dal lato settentrionale. Lo scafo cede di traverso alla corrente, tagliando la superficie con una scia che la fa apparire più solitaria: l'àncora è l'ultima cosa che riluce, poi in tutto il golfo non resta una presenza. Nemmeno i gabbiani. Anche il vento di ponente non dà più segno. È una caduta della sonorità che dura il tempo sufficiente affinché il nuovo suono si accordi allo spazio come se un anfibio affiorasse con molta lentezza.

Invece è un piangere umano.

Dapprima è difficile precisarne l'origine. Il mare non ha altro segnale che questo, sommesso, e se ne colma a sua volta colmandolo di eco.

Mi muovo alla ricerca. Me ne allontano e torno ad avvicinarmi. Che a piangere sia una donna lo capisco da certe pause dove i singhiozzi prendono respiro e la voce si scandisce. Mi figuro la donna: ora potrebbe essere una bambina, ora una vecchia.

Scorgo la roccia. La raggiungo. È uniforme e grigia, a circa cinquecento metri dalla costa. Ondate ne cancellano l'ingresso; ma superandole si penetra in un cubo come di cemento: il grande orecchio aguzzo è il punto che dilata il piangere. Ci sono dei gradini, lastre che sembrano porte corrono ai lati, il corridoio è profondo. Mi guardo intorno. La sala riceve dall'alto una luce a cristallo opaco perché le alghe che l'assorbono hanno lo spessore di un tendaggio; immagini a somiglianza umana si succedono anche qui e questa è una teca rosa, con una fiammella al centro che proietta un'ombra trapezoidale. Il sole che mi brucia sulla pelle mentre lo attraverso, piove da un foro.

Sto arrivando al fondo e, pur essendone ormai vicino, il piangere si attenua al mio orecchio e si fa lontano. Mi sposto a sinistra, due scale di proporzioni gigantesche, una roccia a gronda. Si affaccia da lassù una quantità di punti mobili che non riesco a distinguere: musi di piccoli pesci o bolle d'acqua iridescente. Una terrena debolezza mi rallenta in questo elemento in cui al contrario il procedere marino sarebbe rapidissimo. Mi volto, cerco di vedere meglio nella solarità diffusa: sono davvero bocche di pesci che si aprono e si chiudono, approvando non so se la mia paura o la mia corsa verso il pianto.

La stessa forza che mi ha fatto precipitare alla città sepolta mi aiuta finalmente a superare l'incertezza e mi conduce. Prima ancora di distinguere la figura, l'impressione è delle lacrime infantili che rotolano sulle guance. Rannicchiata sul fondo che è un cerchio luminoso, i capelli sporchi di alghe e di terra, la figura inarca la schiena nei singhiozzi: guarda incantata dal suo dolore la riga del mare visibile nel cerchio. La riconosco non per tutti i giorni della vita che ho diviso con lei, bensì per l'identità di questo momento con l'altro in cui mi è apparsa nella profondità marina; ma sono io ora al suo posto, che vado verso di lei a salvarla.

La sua bellezza è come allora intoccata. Da ciò la stessa felicità di quando ho staccato col piede il ramo pieno di fuoco sperando di ardere vivo M.Z. Una scia di oggetti e indumenti sparsi ci divide. La maschera. Asciugamani rossi e bianchi con sopra le cifre del mio nome e cognome.

La mia presenza ora risuona nell'ultima grotta che si affaccia al mare. Mia figlia non si gira e rimane stretta alle ginocchia.

Però non si sorprende quando la raggiungo. Come se mi aspettasse, alza il braccio destro e mi accoglie contro il suo corpo. Subito faccio parte del suo piangere. Una comunione in cui mi dico che finalmente ci ritroviamo.

Dalla costa si stacca il motore di una barca.

Mia figlia l'aspettava.

La barca si fa visibile.

Si riflette in un sudore che la ricopre e ha un profumo di miele, di misteriose erbe, che io respiro: questo suo trasalire riconoscendo gli avvenimenti più grandi della realtà.

Mi stringe la mano.

Sulla barca, due uomini in piedi. Guardano come la croce abbia un lampo biondo che illuma la barella dove il corpo di M.Z. si allontana da noi. Sta nel suo nascondiglio, ora buio ora luminoso a seconda della rotta, come noi nel nostro. La campana della Fossa della Purificazione è per lui: anche lo splendore del crepuscolo lo avvolge con una forma della pietà terrena.

Mi accorgo che mia figlia non piange più. Nello stesso istante in cui M.Z. scavalca l'orizzonte ceruleo e più nulla è visibile.

Forse – mi dico – il suo segreto marino l'ha abbandonata per sempre.

I nuovi segreti in cui affonderemo già nascono da questa congiunzione che è il nostro reciproco finire a molte altre cose.

E così termina l'avventura di Delo.

Dal diario materno ritrovato per caso
Lettere dall'ospedale di B. mai spedite a mio padre

... non mi ricordo più il tempo, non riesco più a vedermelo alle spalle il tempo, mi dico: ci sono appena arrivata in questo inferno. Poi subito sono sicura del contrario, che niente è vero, cioè (è terribile, ma devo dirtelo) che io non sono mai stata tua moglie e tu non ci sei, non esisti, neanche gli altri non sono mai esistiti, e l'unica verità è che io sono qui da quando son nata e la vita di fuori non è che uno dei tanti sogni che io e le mie compagne facciamo, magari sognando tutte insieme come fanno i passeri quando dormono insieme sopra i rami, di essere tanto leggere da volare in aria o pesanti come pietre da affondare, Dio lo volesse, nel fondo del mare.

La memoria, dentro la testa, mi fa la ballerina e si rovescia con le sue capriole. E più mi dico: adesso mi metto qui e ricordo le facce dei miei cari, una per una, le metto tutte in fila come belle figure, più la ballerina è un'anguilla che mi scappa, e mi fa ricordare quello che vuole lei; mi dice ricordati un sasso; e io le dico non voglio ricordare un sasso, voglio ricordare la testa di mio figlio; e lei s'infuria e dice: devi; così succede che il sasso diventa la cosa più importante della mia vita, quel sasso dove magari un giorno mi sono seduta a riposare sotto il gran sole della campagna... Dico questo perché invece riesco a ricordarmi di quanti giorni dovrò starci ancora in questo inferno, come se fossero già passati, perché faccio il conto delle altre volte.

Così penso che riuscirò a vedere la primavera di Parma. Non capisco. Davvero questa mia povera testa mi si stanca prima di cominciare. E invece quando sembra che abbia finito è sveglia e la ballerina balla, balla, senza fermarsi mai. Così di notte non dormo. Prima piango poi mi verrebbe voglia di urlare ogni minuto e ora. Infatti comincio. Urlo tanto che il mio urlo si fa lontano da me, e mi dico non è più l'urlo che esce dalla mia bocca, e neanche l'urlo che rientra nelle mie orecchie, forse l'urlo della ballerina che insiste a seviziarmi e ci riesce anche stando remota come una stella, e continua per conto suo. Le infermiere e i dottori che accorrono mai sapranno che io a un certo punto divento tranquilla e dormo sotto quell'urlo che non mi appartiene più e mi protegge, e quando se la prendono con me è inutile, o mi interrogano, o mi scuotono facendomi solo male, ma io non c'entro, l'urlo è fuori da me e da loro, non posso farlo rientrare dentro di me, mentre le altre urlano come me dalle altre camere per dirmi alcune che mi vogliono bene e devo calmarmi, e alcune invece che mi detestano per dirmi che verranno a strozzarmi...

È questo l'inferno. Dove diventiamo nella notte non come tante belve, che è il giudizio dei dottori che non capiscono niente, ma come tanti neonati, che basta che cominci uno e gli altri continuano.

Voglio dire: con questa testa non capisco perché, se penso la parola primavera, ecco che vedo il muro della cattedrale di Berceto. Quel muro e basta. Con i portoni chiusi e anche i pilastri sprangati. Cioè con tutte quelle spranghe di ferro nero che ci siamo trovate davanti, quasi che io e te e il corteo di nozze che ci veniva dietro con tanta paura e lento come invece un corteo da funerale, fossimo stati capaci di volare dentro la cattedrale attraverso i muri. A quel dio maledetto a cui ci volevano impedire di andare, eppure ci avevano convinti col tranello più vigliacco, e le campane chiamavano, e il prete stava chiuso dentro la cattedrale, sotto l'altare come un topo, maledetto pilato spia e giuda iscariota, con te che battevi al portale, con tutta la grande forza che hai, e gridavi apri giuda, apri, e lui che andava ancora di più sotto l'altare, intanto che tutta la cattedrale gli era vuota intorno, chiudendosi gli orecchi per non sentire i tuoi colpi e coprendosi con i drappi dell'altare per non farsi vedere dai santi nel vuoto, più morto lui del santo morto dentro la teca col quale si ritrovò faccia a faccia piangendo dalla vergogna. Cose che poi raccontava il chierico nascosto anche lui a vedere il prete che si nascondeva.

Mi dico se possono esistere preti così infami, che prima ti chiamano a unirsi davanti a dio, e poi non aprono, perché quello è un tranello e adesso arrivano le guardie a cavallo e con la scusa di questa cosa bella come la pelle di un bambino che doveva essere il nostro matrimonio di prima mattina, nella cattedrale di Berceto, si prendono lo sposo che si era fidato della parola del prete, e mi dispiace che questo tranello sia accaduto nel paese dove sono nata io.

Insomma, mi dico: adesso mi metto qui e penso e mi viene in mente qualcos'altro della parola primavera. Invece la ballerina non ascolta, e avete ragione voi e i dottori, allora, se non riesco a vedere neanche un albero della stagione degli alberi e un po' di sole che vada a imbiondire un'altra parte che non sia quel muro. Allora racconto alle mie amiche che la primavera è un muro della cattedrale del paese dove disgraziatamente sono nata. E che io e te eravamo andati lì per sposarci. E che ci eravamo fidati della parola di un prete maledetto perché tu eri un ricercato sovversivo, e le mie compagne sono le sole che non mi addossano questa parola, perché loro sanno quale sia il vero male della terra e in questo sono più sagge e umane di chi sta fuori da questo inferno. Tutto questo che gli racconto mi è chiaro. E mi punge come una spina. E mi è chiaro anche che non è primavera. Ma un autunno già freddo d'appennino. Con le foglie che volano a torrente contro il muro sprangato...

Continuo a raccontare e gli dico: io mi sono girata e dal fondo della piazza sono arrivate le guardie a cavallo. I cavalli si sono messi tutti in fila davanti al corteo di nozze. E i fiati dei cavalli nel freddo erano la cosa più terribile che ancora mi fa tremare come se nell'aria uscissero le loro budella rosse e viola. Così siamo stati anche noi in fila contro il muro che per me vuol dire primavera, mentre vorrei che volesse dire qualche fiore di una bellezza mai vista e strana. Andavo al muro sotto la punta della sciabola, che mi era così addosso da tagliarmi la camicetta, e i dottori insistono che è cominciato da quel preciso momento tutto il male che mi porto e il non sapere più, della mia testa, mettere a posto il tempo: se prima o dopo, confondendo continuamente il tempo che deve ancora essere con il tempo che è stato...

Insomma voglio dire che sono andata con le spalle contro quel muro, mentre le guardie mi dicevano vai indietro, ancora indietro, ancora di più, e io gridavo non vedete che c'è solo il muro, ma dove posso andare, come se avessi avuto la forza di trapassare con queste povere spalle quella gran muraglia sprangata, solo perché avevo una sciabola che mi passava sotto la gola, e l'altra sciabola era sotto la gola tua, e ho visto anche che una goccia di sangue veniva giù dal filo della spada e altre avrebbero voluto cavarne dalla vena del tuo collo. Allora ecco cos'è capitato di assurdo. Che per me non c'è stato il tempo di provare un dolore vero o una sorpresa che fosse umana, perché la ballerina è stata maledettamente più svelta a saltar fuori da quel muro che era tutt'uno con la mia testa che le guardie vi schiacciavano contro: voglio dire che mi sono ricordata che lì ci giocavo, e da bambina mi ero nascosta dietro il leone del portale, allora questo ricordarmi di me che ridevo, col ridere stupido di una bambina, contro quello stesso muro dove ora mi dicevano vai indietro bestia se no ammazziamo anche te, ha cominciato a salire, a salire dal fondo di questo qualcosa di malato e di marcio che ormai mi porto...

Bada bene a ciò che ti sto confessando per la prima volta, e non soltanto perché i dottori giurano che è qui che il mio male è cominciato. Ma perché tu capisca finalmente ciò che avvenne in quell'istante. Mi è sembrato che il tempo dentro il quale mi vedevo improvvisamente piccola, fosse il tempo vero. E falso l'altro dove tu stavi con me. Che falso fosse il nostro dolore di cani presi al laccio. E vera, invece, la stupida felicità della bambina ricordata con un abito azzurro che non dimenticherò mai, che correva fuori e dentro la pietra bianca del leone.

E mi è sembrato che esistesse una grande ragione di ridere, essendo scomparsa ogni ragione umana e non restando che la ragione senza senso dei fanciulli... Così ho cominciato a ridere mentre ti portavano via; e quando si è squarciata per un attimo la cosa tremenda che era il sole di un altro tempo che oscurava il sole e le foglie a torrente contro la cattedrale, ho visto che ti voltavi dal mezzo dei due cavalli dove ti avevano legato con la corda al polso dell'ufficiale, con nessun altro dolore che non fosse quello per il mio ridere insensato, e stavi per piangere tu che mai hai pianto nella vita, perché ancora non potevi capire che la cosa più terribile non è la morte ma la mancanza della ragione; e io ti guardavo andare via, con la tua testa bassa da uomo che ha la ragione più sana che esista, legato alla corda come un vitello trascinato ai macelli, tu che sei il più grande uomo a cui non sono riuscita a dare niente, solo aggiungere dolore al dolore, e questa è per me la cosa più atroce: e non riuscivo a far rientrare in me quel ridere da bambina nascosta dietro il leone, come mi succede quando urlo la notte...

Eppure capivo benissimo che mentre io ridevo ferma e già matta sotto la punta della sciabola, e l'ufficiale sferzava i cavalli a correre così che anche tu sei stato costretto a correre e poi a farti trascinare con le ginocchia che lasciavano una striscia di sangue sul fondo della piazza, io capivo che il vuoto che si faceva tra me e te sarebbe diventato un grande mare che per sempre ci avrebbe diviso...

... non so perché ti scrivo queste cose di cui abbiamo tanto parlato, e sappiamo, persino il nome e cognome delle guardie o della spia che ricattò il prete, e io un cavalleggero del re l'ho visto piangere sotto la visiera, tu dici di no e io dico di sì, che piangeva e si vergognava, proprio quello che mi spingeva al muro con la punta della sciabola. Tu dici che sono io che m'invento la bontà degli uomini, come se non bastasse la cattiveria che ci ha portato tanta rovina, e forse hai ragione, ma io continuerò a inventarmela finché vivo, e a vedere da povero ragazzo la mano dentro il guanto bianco che teneva la spada, perché se no si diventa delle bestie.

E io non voglio che tu diventi una bestia, anche se avresti mille diritti di diventarlo. Non devi diventare una bestia perché sei grande e bello dentro di te e nella tua testa che non è stanca come la mia sei ancora capace di immaginarti i giganti, fino a quelle belle nuvole che adesso staranno sopra la nostra casa, e tu le guardi, tiri un respiro, e ti metti a lavorare, mentre io ti sono così lontana che non so nemmeno più dove stia questo ospedale. Tanti i chilometri che mi hanno fatto fare dentro la macchina, e tanta la nuvola di polvere che mai mi ha lasciato vedere, che questo ospedale potrebbe anche stare dentro al deserto; nei giorni sereni dicono che si veda una riga di mare, ma sarà mare o una di quelle bellezze che anche chi vive fuori da questi muri s'inventa nel deserto?

Siccome questa povera gente che soffre con me è brava gente, mi dispiace perché io credevo in Dio e gli ho voluto bene, tanto che ero io a dirti sposiamoci in chiesa e non l'avessi detto nulla sarebbe accaduto; ma io chiedo a Dio perché, volendogli bene, ha fatto allora ammalare la mia testa come le altre povere teste di queste mie compagne che non riescono neanche a vedere la primavera in un muro di cattedrale, come almeno riesce a me, dal momento che il loro pensare è come fatto d'acqua e la testa è una pietra bianca e l'acqua vola sulla pietra e di tanti bei pensieri non resta che quell'andare su e giù delle teste quando stiamo tutte sedute sulla panca.

Io chiedo a quel Dio perché in tante creature che mai hanno fatto del male i pensieri glieli deve trasformare in acqua. Così non possono neanche pensarlo. Ma solo dirne il nome col verme della bestemmia. Così Dio sarà contento.

Adesso so finalmente perché ti ho scritto questa lettera che forse non ti arriverà mai, perché so la fine che fanno le nostre lettere in questo ospedale, ma l'importante è scriverle così la nostra coscienza è a posto, e invece la coscienza dei nostri aguzzini un bel no, che le distruggono con la paura che noi scriviamo che sono non medici ma aguzzini; adesso so, e mi sarebbe piaciuto dirtelo subito in poche parole, ma quando mi metto per dirti subito una cosa mi viene nella testa una gran folata che solleva un turbine e solo quando il turbine si deposita ecco lì la cosa, che è un sassolino, ed era così facile da raccattare, ma bisognava vederlo, e io riesco a vedere solo quando finisce il turbine, forse perché sono così sola e qua dentro non parlo con nessuno, fuorché coi muri...

Adesso ti dico porta nostro figlio in questo posto che fa paura perché ci sono tanti lamenti e muri sprangati, ma dentro è diverso e ci sono belle anime e donne che quando qualcuno gli porta un figlio o un nipote piccolo stanno ad adorarlo delle ore, come non farebbe nessuno fuori di qui, e come sono pronta a fare io se mi porti nostro figlio.

Tu che sei stato in posti che fanno paura, ingiustamente con uomini che invece avrebbero meritato il paradiso, non puoi fermarti dal portarmi nostro figlio solo perché un posto è uguale alle prigioni dove io venivo a portarti il mangiare e i panni puliti. Io ti giuro che dentro questo posto è anche dolce, come quando io e le mie compagne scopriamo di fermarci contro gli alberi da poveri passeri stanchi, vedendo le stagioni che stanno per arrivare o per morire, con occhi che nessuna creatura avrebbe di guardare così in fondo alla luce, e ascoltarla, come se la luce dei bei monti che mi circondano fosse una lingua di care parole, e sono i pochi momenti che torno a voler bene a quel Dio e lui mi carezza la guancia con la sua mano che è fatta di parole e di luce, avendo sincera pietà del rottame che sono.

Ti dico porta nostro figlio, non tanto perché darei la vita per vederlo, ma perché è lui che deve vedere la verità...

Che la veda e la capisca subito con i suoi occhi. È meglio così. Se no passeranno tanti anni e quando cercherà di capirla allora sì che ci si troverà nel mezzo pieno di paura, credendo che sia fatta di questi muri sprangati e nient'altro, con molte celle da cui escono molti pensieri nati per essere i più belli di questo mondo e che subito diventano acqua. Allora non potrà più vedere che questa è una verità che fa paura fuori, ma dentro ha tante povere donne che stanno insieme aiutandosi a piangere e a soffrire, e anche questo è amore, anzi l'unico guardare in su nel cielo e avere pietà del cielo e di Dio, non il contrario, perché se è capace di tanto dolore vuol dire che anche lui ha bisogno di pietà...

Adesso ti dico un'altra cosa che non dovrei dirti, perché mi fa vergognare, ma ci sono momenti che mi sembra di essere sotto il mare, e non qui con le mani attaccate alle sbarre, e vedo dei piccoli uomini che se ne vanno belli e lontani per i sentieri bianchi di queste montagne. E mi dico: sono dei pesci, quelli. Perché io non li conosco. O forse sono io il pesce, perché loro non mi conoscono più. Insomma la testa mi diventa sottile come la luna, e dalle nostre parti la chiamiamo *sciarósa* quando va in ombra e ne resta così poco che tutta la notte è buia.

Io ti racconto questo e poi quando vieni a trovarmi ho paura che tu abbia paura anche di me e che non porti nostro figlio per questa paura che è tua. Non devi e fai male, se è così. Anche se io ti capisco. Soltanto ti chiedo se non ti è mai capitato di guardare il mondo e di dire questo non è il mio mondo, io sono dentro un mondo che non è il mio. L'avrai pensato, perché ogni uomo lo pensa, e non sarebbe uomo se no, magari andando al confino su quei treni pieni di nebbia e voglia di non arrivare mai, che io inseguivo con altri treni e un gran batticuore, vedendoti magari laggiù nello sventolare della tua sciarpa dal finestrino, ed essendo contenta di quello.

Ebbene, devi sapere che non c'è differenza. O l'unica differenza è che quello che può essere stato un tuo breve pensiero umano, in me dura e fa male. Nient'altro. E quando guardo il pesce che tengo nella boccia sopra il davanzale della grata, nel suo vivere dentro la mia medesima luce senza meravigliarsene più, né fuggire da me quando appoggio la mano sul cristallo, mi sembra che ci sia un destino che ci porta come una grande nave, e che le cose che sembrano diverse siano invece uguali, perché in realtà ci sembra diverso ciò che vogliamo che sia, mentre tutto è uguale a sé, anche la gioia e il dolore, uguale a qualcosa che ci vuole uguali.

E adesso ti lascio e vorrei mettere la data, ma non ricordo che giorno sia e mi dico, chiusa qui al buio, con questa lampada accanto alla boccia del pesce che sembra dentro un mare lontano, chissà se è giorno o notte. E anche questo è uguale, perché il mondo gira...

Parte seconda

VIII

Quale enigma verrà ancora?

C'è una lampada, dietro un letto bianco, e sul letto mia moglie che tossisce. E si lamenta. È davvero malata. Parla di un gabbiano che le faceva da guida nelle burrasche di Reneia ed è come se vedesse, nella fine di quel volo, la fine dei suoi giorni. Il suo vuoto – afferma – è giunto al capolinea. Il mio non ancora.

Con la precisione di una scienza misteriosa che solo lei conosca, torna a spiegarmi cosa siano le piante maligne prive d'altro senso che non sia il ramificarsi dentro il vuoto delle anime; cancri tanto più demoniaci in quanto nascono dal vuoto e mangiano il vuoto.

Parla anche del vitellino che è bruciato vivo dentro l'incendio del carcere di Reneia, dopo che le fiamme lo avevano spinto a cercare ansiosamente la madre; lo abbiamo vegliato chinandoci sulla curvilinea dolcezza dei bulbi enormi, che ci indicava come negli ultimi istanti avesse contemplato il sogno di una madre fuggiasca che lo attendeva da un regno della morte così vicino all'altro da cui appena era nato.

Mi racconta queste cose come se in qualche modo anche noi ne avessimo una colpa. O esistesse una relazione con il fenomeno degli M.Z. che ha finito per degenerare. Spegniamo le luci e li ascoltiamo depositare il loro veleno nei luoghi che accolgono le nostre più care abitudini. La mattina dopo ne troviamo i segni. Li cancelliamo pazientemente. Quasi fossero vergogne nostre.

Allora io penso che con mia figlia ha preso forma quel qualcosa che nasce con noi ma ci è nemico. Solo quando le forze della giovinezza dissimulano il vuoto, riusciamo a tenerlo sul fondo e a scambiarlo per una cattiva coscienza che non prenderà mai il sopravvento. Invece mia figlia è questa parte che si è staccata da me. E mi schiaccia con una superiorità indiscutibile: avendo ormai rinunciato a decifrarla. Nel suo segreto di creatura anfibia.

È tutto qui. E non so cosa mi faccia più orrore: se gli M.Z. che popolano il buio come topi oppure mia moglie che parla di quel male che prima era il vuoto e adesso è il nulla.

Verso il nulla, ripete.

Usa le sue solite similitudini, affinché io possa capire.

Parla di: una piccola lanterna che manda luci ora dolci ora crude, senza riuscire a illuminare l'oscurità a cui è chiamata.

E poi parla di: un grande tiglio al vento. E una scala sta appoggiata al tiglio. Senza che nessuno possa salire mai quella scala.

Sono deliri da malata. Lo so bene. Che non hanno significato. La lascio dire come potrei darle una medicina.

Continua:

«È come quando tu stavi assente per molto tempo. Non c'eri, eppure un'amorosa cautela mi pareva scostasse la porta alle mie spalle. E io ti salutavo.»

Ha gli occhi lucidi di febbre.

«Voglio morire» mi supplica.

Mi tocca la mano, come se potessi farci qualcosa.

Giorni fa mi ha portato dall'impagliatore di uno dei suoi amati uccellini. L'impagliatore ha aperto un cassetto pieno di occhi di vetro: d'ogni specie, colore, forma. Una miriade di sguardi. I bulbi avevano – ciascuno – un lungo spillone. Ha infilato i due occhi nelle orbite vuote dell'uccello e ha detto: «Questo è il lavoro più delicato. Se si sbaglia il colore degli occhi, l'animale perde la sua verità».

C'era un altro cassetto pieno di minuscoli registratori. Ne ha scelto uno. Lo ha affondato nella pancia dell'uccello. Ne è uscito un richiamo molto metallico.

Mia moglie ha ascoltato. Poi ha scosso la testa.

«Cantava più dolcemente» ha detto.

L'impagliatore non riusciva ad accontentarla.

Allora lei, pur con la sua timidezza, ha modulato un fischio pieno di attenzioni affettuose. Fischiava come soprappensiero. S'è accorta che la fissavamo: «Ecco...» ha finito arrossendo.

Sia pure per un istante, non l'ho mai vista così viva.

L'impagliatore ha frugato di nuovo nel cassetto dei registratori e ne ha estratto un altro. Lo ha sostituito al primo. Ne è uscito un richiamo traboccante d'amore.

«Può andare?»

«Sì, può andare» ha riconosciuto mia moglie.

Ci siamo trovati divisi dall'uccello che stava sopra il tavolino in mezzo a noi e che assurdamente cantava nella casa silenziosa.

«Vedi?» mi ha detto. «Quello che d'ora in poi potrò dirti, sarà come il cantare di questo uccello. Qualcosa che serve solo a illuderci che siamo ancora lontani dal termine.»

Ha abbassato la testa: «Con o senza canto, questo uccello non volerà più».

Quando invece sta meglio, si fa prendere dalla domestica il soprabito e la borsetta.

«Ma dove vai?» le chiedo.

«In nessun posto.»

Si siede sul divano di fronte a me. Appoggia la schiena. Mi ricambia un sorriso, come se ci trovassimo in un autobus o in un treno. Sono i nostri silenzi. Poi lascia cadere la borsetta e corre ad abbracciarmi. Il viaggio immaginario è finito e io sono qualcuno ritrovato dopo una lunga assenza.

È una pantomima che sostituisce un incontro invece impossibile.

Nostra figlia la aspettiamo inutilmente, a volte per giorni.

«Anche una puttana bella» dice. «È una bella cosa.»

Una mosca ronza nel raggio di sole che attraversa il tavolo. C'è un orologio sulla destra. Allora mi pare di raccontare anche alla mosca e all'orologio, oltre che a mia moglie, che un giorno l'uomo diventò uomo trasformandosi dal pesce. È un sogno anche questo: della storia.

La mosca fatica dentro il suo volo. L'orologio dietro il suo tempo.

Come mia moglie.

Sono i momenti in cui lo comprendiamo. Ma non osiamo ammetterlo.

Forse nostra figlia ci sta aiutando più di quanto pensiamo.

È uno schermo sul quale vediamo come in tanti quadri, riflettendole unicamente da noi, le cause, le Grandi Madri della nostra dissoluzione a cui resta ormai ben poco da aggiungere. Così un'isola dolce quale Delo riproduce nel suo mare giganti ancestrali, terrificanti presenze e statue profetiche, semplicemente perché le sue rocce proiettano laggiù le loro somiglianze umane. E uguale a quel mare e a quelle rocce cicladiche, ecco che la nostra figlia randagia ci appare nei suoi ritorni sempre meno frequenti: come finisce un'usanza o anche qualcosa di più alto e che si credeva eterno.

Lo vedo ogni giorno nel mio lavoro.

Come una religione si spegne dentro le ere in cui gli uomini sostituiscono la sua immortalità con un'immortalità mai pensata prima.

Nel primo quadro del suo apparire contempliamo la Solitudine.

Torna senza voglia nella strada deserta. Un biancore solare le divora intorno le ombre. Ma non è ancora giorno.

La guardiamo dalla terrazza: da quassù le sue spalle ci appaiono più curve; come si lasciano i cancelli di un ospedale – penso – dopo una lunga degenza. Ne ascoltiamo gli zoccoli nel silenzio e in mezzo ai sacchi che si ammucchiano dovunque.

Gli spazzini non passano da giorni.

Ma è uno sciopero che Roma adora. Finalmente può calarsi la maschera, vomitare in pace e contemplarsi pigramente nel suo vomito. Dalla plastica nera sfondata cola il marciume. Anche mia figlia è uno di quei sacchi che vomitano e si fanno vomitare, ai quali danno fuoco perché non dilaghi la pestilenza.

Bruciano con vigorose fiamme.

Il rogo fecale lo vediamo dalla terrazza risplendere contro il chiaro di Monte Mario, e dentro le vie che laggiù sembrano lo schema che la mano di un bambino traccia su un foglio, e qua e là nel cerchio bruno e verde delle campagne. Tutta la vediamo ardere questa veglia di Roma che sordamente traffica per sostituire le scorie incenerite con scorie fresche.

Quando mia moglie vi vede apparire nostra figlia, ha sempre paura che non sia lei. Non s'arrende, la sua paura che diventa da passero contro l'avvoltoio, nemmeno quando sparisce dentro il palazzo.

«Non è lei.»

145

«È lei» le dico con pazienza.

Subito comincia la lotta tra me e la mia nausea. Come se la solitudine fosse un cibo che avessi divorato per tutta la notte. La vedo sopra di me che tende la mano: «Stai male?».

«Passa» le dico. «Non è niente.»

Mi sembra che la parola niente faccia il niente dentro di me. Mentre non capisco perché la mia nausea debba associarsi alla visione del vitellino nato da pochi giorni che si aggirava tra le fiamme dell'incendio di Reneia. E cercava la madre con la certezza di trovarla dove il rogo era più feroce; la madre, al contrario, sicura di scoprirlo in quel margine di quiete come miracolosa che si crea intorno alle catastrofi, cioè nella salvezza.

«Si allontanavano» le dico «diametralmente opposti l'uno dall'altra, eppure con un'enorme vocazione a incontrarsi. Era crudele.»

Vorrei descriverle la madre che attraversava i prati d'erba intatta; poi superò l'orizzonte rischiarato da una luna pacifica, con quell'amore che ha dentro l'ipocrisia a salvare se stessi che è degli adulti. Vorrei spiegarle questa ipocrisia.

Ma non mi viene nessuna parola.

Non riesco più a parlarle. Né ad essere sincero né a fingere. Eppure in questi mattini ci troviamo uniti a vagare per la casa, insieme svegliandoci da un sonno difficile che cade da entrambi nel medesimo istante di luce nascente. Allora saliamo in terrazza. Buttandoci addosso due coperte. E io aiuto lei, e lei me, ad accatastare le sedie di metallo che non avrebbero nessuna ragione d'essere messe da parte. Il vento ci fa volare dalle spalle le coperte e noi lasciamo che volino anche loro, con quel poco di pensieri: infatti vanno per la terrazza e magari scavalcano e vanno su Roma come tappeti volanti.

È una messinscena per non stare fermi come due fantasmi i quali sanno che fra poco una ragazza tornerà dando verità a quando si dice che uno porta sulle spalle il peso di una notte, che è il covo dei suoi M.Z. dissolti come pipistrelli; o forse – se spingiamo lo sguardo all'indietro dove il pensiero non ha orizzonte – davvero è la Grande Notte del viaggio marino nel quale mai più si vedranno né fari né rive, di fronte alla quale due come noi che hanno navigato fino alla foce il significato della vita è giusto che si arrestino un istante e abbandonino i remi, prima di dirsi nuovamente andiamo, con il tono con cui mia moglie mi stringe una mano e mi dice:

«Eccola.»

Si avvicina come nei racconti del mito il misterioso visitatore che può essere sì l'Angelo dell'Annunciazione, ma anche il contrario: senza più occhi né voce per annunciare, tutto Notte chiusa a mantello, il quale viene a visitarci perché è l'ora.

Così qualche volta ho visto rincasare Minosse. Senza sapere chi l'avesse unghiato a sangue. Cane, come lei cagna, aggredito da una notte affollata di cani dai lunghi denti.

«Partite?»

Ce lo chiede con ironia perché si accatastavano le sedie e le gabbie vuote degli uccelli partendo insieme a lei per qualche viaggio. O quando si avvicinava il temporale. Alziamo gli occhi al cielo e neppure la più piccola nuvola è in vista. Come in vista non c'è nessuna partenza.

Non ci attende nessuno e nessun luogo. Siamo le creature meno attese di questa terra. Eppure, ora che è lei a chiedercelo, sappiamo che abbiamo messo ordine perché una nostra partenza è inevitabile.

Quella di ieri non è stata una domanda. Ma un imperativo.

«Partite!»

Si aggirava intorno a noi comprimendosi lo stomaco.

«Partite!» gridava.

È caduta sulle ginocchia. Alzava le braccia cercando di spaccare a pugni la vetrata.

«Brutti cani!»

E le sedie crollavano dai mucchi perché strisciando all'indietro li abbatteva, e anche noi eravamo qualcosa che crollava dal suo equilibrio costruito senza alcun senso logico, con un suono metallico di braccioli e gambe che saltavano qua e là.

Allora ci è sembrato di capire che avesse mutato bersaglio e che non più a noi gridasse con una voce che passava come dentro a graffi della gola.

«Via da me! Cani e porci!»

Bensì a ombre tutte sue che le volavano contro la faccia che si copriva con le mani provando vergogna del vuoto infuocato di

Roma. Mentre sua madre sulla bocca la baciava come per trasmetterle quel poco d'aria caritatevole che ormai i suoi polmoni possono restituire all'aria della vita.

«Ho freddo» ripeteva.

Abbiamo cercato di estinguere quel freddo malato che ben conosciamo. Ma lei si liberava delle coperte e si strappava di dosso anche il maglione rosso, e le altre cose, fino a restare un mucchio di carne contro la vetrata. Mi è bastato staccare la sua gamba destra: l'ho vista salire dal ginocchio, come una fiammata color ruggine, ed era una piaga che mi ributtava nella mia nausea.

Nel secondo quadro del suo apparire c'è la Voracità.

Sono mattinate estive con ombre in tutta la casa e un sole invece feroce sulla terrazza. Dove lei distende una stuoia.

«Dammi quell'asciugamano» mi ordina.

Glielo porto.

Se lo infila volgarmente tra le cosce.

Resta coperta solo di quello.

Seduta. Testa sul petto. Spalle avanti. Lo sguardo dove le mani si stringono tra i piedi. Sembra disporsi all'abbronzatura. Ma non è così.

«Ho fame» esclama.

Allora i piatti si ammucchiano sulla stuoia. Sono io che le porto anche quelli con la solerzia di un servo: proprio a lei che un tempo mangiava come un cardellino.

Il suo mangiare ha un'impenetrabilità maestosa e – se lo alimento e me ne lascio attrarre – è perché capisco che la sovrasta, cioè pur servendosi del suo stomaco e dei suoi intestini, da questi non nasce né da una sua fame, ma da una Voracità esterna, fatale nelle cose, che si serve anche di me con uguale violenza, sia pure per un fine contrario; il procedimento è lo stesso e ha poca importanza se invece il mio stomaco sempre più si chiude e i miei intestini si bloccano.

Comunque sia, prima impiegavo mesi ad accorgermi di qualche sua modificazione corporea. Ora si ingrandisce a vista d'occhio. È come se occupasse lo spazio della casa e ne assorbisse l'aria, la luce. Ho l'impressione di respirare lei, col suo profumo volgare, di ricevere luce da lei.

E forse perché la vedo in espansione col cibo che ingurgita, io pongo in questo rapporto la mia sete di deformarla visivamente, dal momento che non posso aggredirla altrimenti, così anche la sua schiena mi pare una superficie che abbia il potere dilatabile delle sue papille linguali, quando le arrivo alle spalle col vassoio e le dico:

«Ecco.»

Nemmeno si volta. Mi risponde con un cenno del mento per indicarmi dove mettere il nuovo cibo in mezzo agli avanzi dietro i piatti che in tanto bianco di sole hanno il nero degli escrementi.

Riesco a vederla anche da giù, attraverso la finestra dello studio. Mentre sto sui miei fogli la fantasia tenta un volo, ma subito s'impiglia dove il suo corpo appare disposto su un carro di trionfo. Così anche i miei pensieri si modellano con lei che ora è una nuvola e ora uno di quei dirigibili pubblicitari della crema abbronzante che continua a spalmarsi. E adesso un clown che butta in aria le braccia o si mette a testa in giù con le gambe infilate nel cielo: ma è dentro il mio cervello che fa yoga.

Mi stringo gli orecchi. Non sopporto più questo masticare che arriva come se ingurgitassi io quella roba, per cui la mia nausea non fa che crescere: di lei che divora dentro di me, il suono diventando quello di una parte del nostro corpo quando si rivolta alle altre parti e, di una goccia d'acqua che cade, può fare nella nostra testa una cascata.

Quando non mangia, sulla medesima stuoia la Voracità la fa cadere in un sonno altrettanto maestoso. Sembra che nemmeno respiri. Le mosche aggirano le labbra, affondano nella pasta del rossetto.

Ma nulla la sveglia. Né i rumori della città che crescono tra le fiamme, né l'abbaiare di Minosse che l'accerchia tenendosene alla larga, come quando capita da noi un estraneo che avverte nemico.

Dall'ostinazione del suo abbaiare, da come punta le zampe capisco che ciò che scopre di mutato in lei deve sprigionare l'odore di un veleno. A qualche metro dai denti esposti con ferocia, il volto riposa sulla mano piegandosi ai raggi del sole. Vi affiora dal sonno il sorriso enigmatico di un dipinto.

Il sorriso che le lascia la sua Notte.

Fa sbollire l'aggressività di Minosse, il quale si accuccia, allunga il muso sulle zampe, cercando di farmi capire che bisogna avere molta pazienza e che quanto si annida in mia figlia sta dentro il nascondiglio come una vipera rintanata.

Bisogna aspettare che esca.

E Minosse aspetta.

E anch'io.

Ma inutilmente. Alla fine Minosse si allontana con la coda tra le gambe. E anch'io.

E in questo suo apparire c'è l'assenza della Pietà.

L'ho incontrata nel corridoio. Aveva gli occhi di quando ci assale con ire improvvise e dice che siamo da bruciare come quei sacchi d'immondizie dentro Roma. Non gridava i nomi dei suoi M.Z. Che è un suo modo di minacciarci. Ma le minacce e gli insulti le uscivano dalle labbra con un loro silenzio non meno crudele.

«Dove vai?» le ho chiesto. Sapendo benissimo dove andava.

«Dove mi pare.»

Le ho afferrato un braccio con tutta la mia forza. Ma ha reagito con un automatismo indifferente: dei punti freddi mi sono corsi nel dorso della mano. Poi sono diventati di fuoco. Ho lasciato che le sue unghie affondassero. Anch'io senza reagire se non con il suo stesso silenzio pieno di parole. Siamo rimasti contro la parete, ascoltando come il mondo se ne andasse dietro i suoi rumori e ci ignorasse.

L'ho allontanata quando le unghie sono scivolate fuori spontaneamente.

Allora si è fatta largo nel corridoio. Dondolando il suo corpo e brontolando su di me, sui fatti propri e su qualcosa che non deve arriderle dentro la sua foresta di mostri. Ha sbattuto la porta. E poi ancora un'altra. Mi sono trovato diviso da lei da tutte le porte sbattute alla maniera sua, con il calcinaccio che cade.

Credevo fosse sparita a rintanarsi.

Invece dopo qualche minuto ho capito che aveva proseguito

nella sua mattana. Ma non mi sono mosso. Mi sono seduto accanto a Minosse, come un vigliacco: e guardando Minosse mi sembrava che cercasse solo di non vedere quanto fossi vigliacco, mentre girava la testa verso la finestra dove Roma come un campo desolato alimentava il fumo dei suoi incendi.

Non riesco a togliermi dagli occhi, infatti, il giorno in cui picchiava sua madre con colpi che l'altra incassava badando a non emettere un lamento; era lei a rendere rumorosi gli schiaffi e mia moglie, col terrore che potessi accorgermene, a renderli in qualche modo silenziosi.

Alzava le braccia e girava la testa non per proteggersi, bensì per crearsi addosso un silenzio, e supplicava: fallo ma senza rumore; non piangeva affinché nella casa non si alzasse nemmeno il suono del piangere.

«Puttana» le diceva mia figlia.

E improvvisamente ha gridato: «Puttana».

E sua madre a dire sì, purché non lo gridasse; la bocca di mia figlia scompariva dietro la mano che cercava di rimandarle in gola le parole. Lottando le due donne si sono portate dietro una piccola volta, e ne vedevo a tratti un'ombra che alzava il braccio sull'altra rannicchiata, che poi ha ceduto cadendo sulle ginocchia. Così ho potuto ascoltare la storia pressoché incomprensibile di una donna che veniva scoperta in un posto con uomini brutali.

Non riuscivo a capire se il fatto fosse accaduto molto tempo prima oppure di recente, cioè se mia figlia – raccontando della disgraziata trascinata per i capelli fuori della casa orinatoio – parlasse di sé o di mia moglie.

Era comunque una verità stomachevole che si rimandavano l'una con l'altra; e solo quando tutto fu finito, scomparse le due non so dove, mi sono vergognato d'aver supposto, sia pure per un momento, che la donna del racconto avesse potuto essere mia moglie.

Di questo ho provato dolore più ancora, se possibile, della scena di violenza a cui avevo assistito; così come di mia figlia ho avuto disgusto più per avermi indotto a questo pensiero che per aver aggredito sua madre.

Mentre mi allontanavo e scendevo una scala di casa mia che

improvvisamente mi si dilatava agli occhi diventando la scalea
di un tempio, dove un po' claudicante non c'era che un Minosse che guaiva sperduto in tanta vastità, mi sono detto: la ucciderò.

La ucciderò – mi sono ripetuto nei giorni seguenti – come nella mia terra si uccidevano con amore i cavalli quando davano di testa o li prendeva un misterioso male. E la morte di quel cavallo voleva dire fame per un'intera famiglia che viveva di cavallo, carretto e sabbia di fiume. Ma la pietà era più forte.

O più forte l'orrore per la pazzia che faceva distendere il collo alla bestia verso il padrone, come sempre aveva fatto per riceverne carezze, ma quando il padrone tendeva a sua volta la mano su quello sguardo mansueto di compagno nella fatica e nella solitudine, ecco che la bestia – un attimo colmandosi di lacrime per un rimpianto subito cancellato dalla follia – sguainava i denti con bianca ferocia e li chiudeva lacerando qualunque cosa, fosse la mano amica o il morso che si pianta nella gola dei cavalli matti.

La ucciderò – continuavo – come quando il cavallo lo portavano nel greto del torrente Parma e uomini corpulenti lo costringevano a sdraiarsi sul fianco legandogli gli zoccoli.

Allora si faceva largo il masén. Il sole delle pietre gli bruciava gli occhi, perciò camminava con il cappello piegato in avanti, ma qualcuno pensava che fosse per vergogna. Soltanto quando il suo stivale si piantava nel corpo del cavallo matto, buttava indietro il cappello, ma più rapido di questo gesto era l'altro con cui levava la pistola dalla fondina, puntava, faceva fuoco.

Tutti quanti piegavano la testa.

Il cavallo raschiava con lo zoccolo. Tornandogli sotto la palpebra ormai caduta quella lacrima bolsa in cui ogni creatura, prima di morire, capisce e chiede pietà per essere stata matta; allora il padrone cominciava a scappare, lui matto ora, dove non si capiva se fosse il sole a far esplodere le pietre o queste il sole.

Gridava: *a go di fioj, a son da mi!*[1]

Ma il grido faceva presto a scomparire, per cui ci sembrava che tutta Parma diventasse dai ponti un grande silenzio di quelli delle stelle remote sulla nostra miseria.

Così – mi ripetevo – lo farò, devo farlo.

E con questo pensiero una notte sono entrato senza più un'esitazione dentro la sua camera.

[1] Ho dei figli, sono solo!

Mi sono seduto sulla sponda del suo letto. Lei non c'era ancora. Le ombre dei pesci piovevano dall'alto sopra le lenzuola sfatte, e mi sono visto circondato dalle bocche spalancate che la brezza notturna mi lanciava contro, avendone ripugnanza ogni volta che il ritaglio nero dove dondolava l'arpione scattava dalla mia destra e me lo trovavo sulle gambe a puntarmi il ventre, con la ferocia orale di chi non ha la parola; ma poi l'aria lo spostava sulla mia sinistra. Di nuovo un altro mi saltava sulle ginocchia, e ancora un altro più piccolo.

Mi vedevo aggredito non so se più da quei pesci o dai miei pensieri e propositi.

Però dicendomi: stanotte l'aspetto. E non volterò le spalle quando andrà dietro di me a denudarsi, fingerò di non averla vista entrare, le volterò all'improvviso perché la voglio affrontare nel suo elemento che è la nudità, come affronterei questi pesci nel fondo del mare. Le dirò: adesso basta con misteri e finzioni, a costo di strozzarti con le mie mani.

Ma poi era l'alba.

L'alba io la riconosco dentro di me perché, quali che siano i miei sogni, mi sale per una frazione di secondo un sogno più piccolo, che si fa largo, come un'ostia di luce che ha il rintocco della campanella di una chiesa di campagna; e l'ostia assume in quegli attimi le forme di qualcosa che stia nascendo: stavolta era un pesciolino giallo che saliva e saliva, andando alla luce come avrei arrancato io ad andarci, senza ancora sapere se il suo destino fosse d'appartenere al fondo oppure alla superficie.

Mi sono scoperto nella medesima posizione pur avendo dormito per diverse ore; ero rimasto seduto sulla sponda del letto appoggiando la testa alla parete.

E di lei, sulla sinistra, a terra, quasi ai miei piedi, ho visto svegliandomi ciò che non appartiene alle cose, come appunto succede quando ci si sveglia di soprassalto, cioè una sontuosità cupa, un addobbo di ori e argenti, le sue collane e cianfrusaglie, ma gli ori e gli argenti coprivano la gola e la pancia, per il resto dormiva senza nulla.

Mia figlia stava dunque come se avessi portato a termine il proposito che mi aveva spinto nella camera, spezzandole con le mie mani il collo, che infatti le pendeva sulla spalla. Pensando di averla uccisa, mentre il pesciolino del sogno lassù svaniva, mi sono chinato sopra di lei e da questa posizione mi sembrava tutta bianca, che la luce dell'alba mutasse l'abbronzatura in un bianco d'avorio.

Ed eccoli – sul collo – i segni di una stretta furiosa.

Qualcuno mi aveva preceduto, soffocandola da M.Z. nel punto in cui avrei stretto io, e lasciandole due lividi per parte, che già ingiallivano.

Questo è stato il primo colpo che mi ha spinto indietro nella pietà paterna. L'altro mi è venuto dal constatare che, tornando e vedendomi addormentato dentro il suo letto, aveva scelto di dormire sul pavimento per non svegliarmi; il che mi ha fatto pensare alla lacrima bolsa con cui il cavallo impazzito chiedeva perdono al padrone prima di affondare i denti. La mia violenza ammutoliva. Guardando una stella a picco, ho capito che si faceva evanescente come quel punto che già era scomparso nel cielo.

Eppure era questo il momento di fare ciò che dovevo. Perché mi accorgevo di quanto in realtà fosse viva. E respirasse la sua volgarità. Gli occhi si vedevano rilucenti tra le palpebre gonfie; anche nel sonno conservavano il rancore, non del pensare ma dell'esistere, di quando ci aggredisce. Allora ho provato a ricaricarmi con una logica diversa, anche perché soffiavano sul mio viso i fiati dell'osceno e di tutto quanto si può far passare attraverso una bocca.

Ho pensato che fosse crollata sul pavimento senza curarsi né di me né di nulla. Forse non mi aveva nemmeno visto. O nel buio s'era accorta all'ultimo istante che il letto era occupato, ma da ubriaco che riconosce nient'altro che forme, perché sul bianco del lenzuolo spiccava una figura nera, cascata a dormire anch'essa da ubriaca o da drogata. Mi sono detto: avrà creduto di essere ancora in uno dei suoi bivacchi da M.Z. dove ci si adatta per un'idiota comunione degli spazi.

Ecco a cosa pensavo, portandomi sempre più vicino alla bocca. Sono momenti in cui si riflette sulle cose più insensate: per esempio che è un errore vedere l'assassino che nel suo atto colpisce da ossesso, con fiamme al posto del cervello; no – pensavo – l'assassino deve avvicinarsi al delitto come stavo facendo io, cioè ascoltando dentro di sé un parlare altrimenti inudibile, di quelli che anche la gente che non ha alcun conto da rendere all'anormalità può ascoltare quando si avvicina alle vittime di un massacro, che stanno là accatastate all'orizzonte e sopra di loro la luce del cielo sembra nascondersi al suo fondo misterioso, ma l'impressione è che il cielo pianga sulle vittime con un'invisibile testa reclinata e con un pianto che obbedisce a una legge che non ci compete eppure ci lascia stupefatti.

Mi apprestavo a quei pochi gesti che mi servivano.

Mi bastava rimettere le dita nelle impronte lasciate sul collo dall'M.Z. che, più sapientemente di me, aveva tracciato la pista; stringere più forte, o meglio con la forza di una vera intenzione che l'altro era chiaro non aveva avuto.

Mentre andavo verso tutto questo, l'idea che mi sconvolgeva era del sangue che, pur non sgorgando da nessuna ferita, sarebbe caduto all'interno del corpo e sarebbe stato peggio che vederlo correre intorno a me per il pavimento, come già lo avevo visto dal marciapiede la sera della mano affiorante dal telo; perché l'odore funebre di quel sangue sarebbe uscito dalla bocca di mia figlia, soffocando anche me.

Ed ecco che questo odore, che avrebbe dovuto essere la conclusione di ciò che stavo per fare, improvvisamente precedeva ogni mio gesto, lo bloccava. Già mi saliva nelle narici e davvero vi soffocavo perché tutta la camera ne era piena.

Non saprei dire se fu prima il sangue a farmi nascere il pensiero del suo repellente odore o viceversa.

Il fatto è che esisteva. Veniva da un punto che io cercavo. Chiedendomi cosa potesse essere morto da un istante all'altro dentro quella camera piena di presenze da sempre inanimate.

Per poi scoprire che era mia figlia a diffonderlo.

Allora l'ho aggirata.

A questo punto le immagini mi si confondono; ancor più che visioni sono suoni che mi ricordano i pensieri, mentre trasformavo i pensieri in parole a me stesso e mi dicevo che se un uomo è così pazzo da volersi specchiare nella tana più infernale che esista, che è quella dei topi, e corre a stanarli coi piedi immediatamente morsi a sangue da una nuvola di denti, quell'uomo non differiva da me, e io non ero da riconoscersi né padre né nulla, ma peggio di un pazzo e di un topo. Mi dicevo anche: qualcuno deve pur esistere a cui dire ho vergogna, o qualcosa, mentre speravo di non essermi svegliato e che il pesciolino giallo fosse ancora a risalire dall'abisso.

Invece i miei occhi erano ben aperti e io stavo inginocchiato e mi spingevo tra le sue gambe che nel sonno si divaricavano divaricando al tempo stesso l'orifizio della vagina. Era una seconda bocca. Simile alla prima. La luce pioveva su quello squarcio della vita e lo rendeva macabro: più cercavo di non guardare, più la luce crescendo mi teneva fermo, e mi diceva guarda, e ora nel mio campo visivo non si dilatavano che i bordi di quella vagina, arrossati come per un'infezione o un fuoco che avesse divorato l'epidermide, coi graffi delle penetrazioni che mi sembrava di riconoscere.

Avvicinati, mi ripetevo, guarda ancora più da vicino.

Intanto dalla memoria saliva un uomo inseguito dentro una palude da una torma di aguzzini, che avevo visto da ragazzo, e scappava, ma più scappava più era fermo, perché le sue gambe affondando nel fango ne uscivano come colonne, finché non ha più avuto la forza di estrarle dalla crosta. Allora in cinque hanno preso l'uomo per le ascelle, trascinandolo con quelle gambe che lasciavano due solchi e avevano imprigionato se stesse, e poi l'hanno buttato in un cesso di campagna; lo tenevano per il collo e gli dicevano: guarda, specchiati nel tuo buco, ridi, ridi. E dalla porta chiusa dal colpo di tacco di un aguzzino, la piccola folla dove io stavo udì quel ridere, e poi uno sparo.

Così io guardavo.

Senza più combattere nessun particolare della mia visione. Era una fossa e io l'accettavo per tale. Una fogna e io non allontanavo più da me il pensiero che mi ribadiva con fermezza: è la causa di ogni cosa; guardati in lei, con l'attrazione e la ripugnanza che ne provi, come se già ti avessero affondato là dentro fino alla cima dei capelli, perché questo utero che splende delle sue lacerazioni come un serpente delle sue scaglie, questo sangue che ti chiude la gola, tu li ritroverai; e più ferocemente la bocca ti aspetterà al termine delle tue tante strade, tra cui non hai mai saputo scegliere quella della salvezza o della fine.

E ci affonderai davvero.

Pensieri che già cambiavano il mio guardare.

Non fissavo più il sesso di mia figlia, né le gocce del mestruo che affioravano dai tessuti come un muro trasuda umidità; né collegavo le contrazioni vasomotorie del ventre ai dolori intermittenti dalla regione sacrale verso gli inguini.

Era una ben più grande e tragica contemplazione.

Cioè tutta la terra creata assumeva ai miei occhi la forma di quell'utero in dolore, come in una pozza d'acqua c'è la forma del mare, con la sua idea di spazio che risponde alla luce, e non importa che lo spazio sia tanto piccolo che lo si possa coprire con un sasso o talmente vasto che non basti l'intero potere che l'occhio ha di abbracciare l'orizzonte.

Così le contrazioni erano la medesima terra quando nasce squarciando se stessa e accavallando le sue montagne.

E le gocce sanguigne erano il dolore che si rendeva visibile; non importa, pensavo, che il dolore non sia visibile, perché il processo è uguale: esso trasuda sembrando una cosa da nulla dalle membrane che qualcuno chiama anima, per espandersi non osservando altra legge che quella della sua esplosione.

Non c'è, mi sono detto, raffigurazione più vera del dolore. Perciò io sono qui, inginocchiato come di fronte a un idolo. E pensavo anche: come può illudersi, il mondo dei vivi, che dagli infiniti punti verso cui ogni giorno siamo chiamati a guardare e a giudicare il sangue possa non correre più? Come può, se in una camera dove l'idea del delitto con cui sono entrato diventa ridicola di fronte al manifestarsi della vita che uccide se stessa, io sto vedendo che questa è la nostra radice e che l'atto primo di rispondere alla chiamata della vita non è stato che strisciare, lacerare, inzupparci con tutto il nostro essere in questo bagno di sangue?

E ancora gridavo dentro di me: in questa fossa comune da cui pure spunta qualche fiore io ho paura di essere nato; io sto cercando un ventre per morirci come ci sono nato; e forse eccolo il ventre, in quanto creato da me.

E ancora: Dio, abbi pietà di questa cosa che abbiamo creato insieme. Dammi la certezza, ora o mai più, che lo spirito non è altezza sublime o fuga da ciò che è indegno, bensì affondare nel disgusto senza più giudicarlo e condannarlo, solo dividendolo con chi non sa di esserne portatore, sperando di poterlo un giorno guarire.

Non è questa la tua parola?

Non è questa la tua croce?

Per cui con la bocca mi è parso di andare verso i bordi infiammati, ma il bacio si è portato più in alto, sopra la catenella d'oro. È stato il bacio di un padre sopra una figlia addormentata.

Un padre che poi l'ha coperta, come sempre, e ha chiuso la finestra affinché la luce non la svegliasse.

Ed è uscito dalla stanza.

E nell'ultimo quadro ci sono la Smentita e la Sorpresa.

Ossia la realtà che non tollera che la si accetti per come si manifesta, anche quando il suo manifestarsi sembra non avere altro scopo se non quello di dimostrare una verità.

Nel quadro non c'è scena vivente.

È infatti un ritratto fotografico degli Anni Trenta, a forma di cartolina postale. Sul retro, lo spazio per essere scritta e spedita. Ma nessuno l'ha mai spedita. È rimasta sempre in un cassetto di mia madre, poi in quello del mio tavolo di lavoro, come una delle cose più care e nascoste.

Soltanto una volta l'ho mostrata a mia moglie.

L'istantanea ha effetti luminosi e un disporsi delle figure che possono vagamente ricordare Manet, soprattutto per quel fondo che tende a scomparire in chiari e scuri e a farsi un luogo imprecisato. Invece è Parma con il cerchio delle vecchie mura, gli olmi, gli ippocastani, i gelsi centenari. E madri che chiacchierano sulle panchine.

L'estate dev'essere alle porte.

Si distinguono, sul lato sinistro, ciliegi con la loro fiorita bianca, glicini che precipitano dalle facciate. Non si riesce a distinguere se, ad uscire dall'arco delle mura, sia una piccola banda militare. Dev'essere comunque un giorno di festa perché una scritta in dialetto parmigiano dice sull'immagine: «*Col zachètt e il braghi tiradi*».[1]

---

[1] Con la giacchetta e i calzoni tirati col ferro da stiro: un modo, appunto, d'esprimere festa.

Questo in primo piano, ben messo in luce, è mio padre. Accanto a lui mia madre, come colta di sorpresa, con un modo elegante di stare e di vestire. Hanno l'immediatezza di un incontro appena avvenuto, un riso nello sguardo e sfidano nella posa chi li sta ritraendo.

Tutta la cartolina respira della limpidezza del loro vedere e della città che li vede. Di questa armonia a stare insieme.

È l'unica immagine che mi sia rimasta di un passato familiare che, a giudicarlo da questo momento, mi sembra appartenere a un'altra persona.

Me la sono trovata inaspettatamente tra le mani sfogliando il mucchio della posta. Non riuscivo a credere che qualcuno avesse potuto non solo prenderla dal mio cassetto, ma sapere che là io la nascondevo.

Invece era così.

E chi me l'aveva sottratta, ora me la spediva da un luogo indecifrabile nel timbro postale. Indecifrabile, dapprima, anche quel solo nome che attraversava il retro. Ho fatto mille supposizioni per poi rendermi conto che è mia figlia che si firma trasformando il proprio nome in un capriccio di segni, come se volesse camuffarlo o negarlo.

Da lei, dunque, mi veniva la cartolina.

E mi è sembrato che non fosse più per denigrarmi nel mio passato, ma che il quadro avesse in sé una sua contentezza per la contentezza che a mia volta ne avrei provato. Un volermi essere concretamente vicino. Smentendomi, appunto, in tutto quello che avevo visto e pensato di lei.

Ho rimesso la cartolina nel cassetto dove stava. Avrei voluto abbandonarmi al piacere di quel primo atto che mi appariva filiale; ma ancora una volta un perché faceva il silenzio su una musichetta del vivere con cui il ritratto mi era ritornato tra le mani.

IX

Non so come ci trovammo in quella Roma notturna e bestiale.
Eravamo scesi in strada, come per cercare passeggiando nostra figlia dietro casa, invece i nostri passi ci spinsero a inseguire le tane degli M.Z. dentro una città improvvisamente irriconoscibile. Ormai è quasi un mese che non passano gli spazzini.
Sacchi di plastica nera, a mucchi enormi, straripavano di rifiuti
per un Lungotevere. Ardevano in file infernali. Vi fummo im-
mersi.

I roghi ci facevano dimenticare per lunghi tratti l'oggetto della nostra ricerca: ci ricordavamo di nostra figlia quando le fiamme acquistavano una nuova forma di quel mondo in sfacelo. Ci
tenevamo sottobraccio. Sapevamo ora come avremmo cammi-
nato all'infinito nel regno dell'Ade che sembrava spalancarci le
sue porte; ed era assurdo che lo imparassimo per le strade che
avevamo conosciuto col passo felice di un giovane marito e di
una giovane moglie.

Nei pressi dell'Isola Tiberina infilammo una stradina deserta.
Due ali di sacchi si alzavano ai muri. Il marciume scolava
ovunque. Cominciammo a capire che, di nostra figlia, stavamo
trovando qualcosa assai più prezioso d'una presenza: cioè lo
spirito luciferino che faceva abbaiare Minosse.

All'Isola Tiberina quattro infermieri, come monatti, trascina-
vano un carro d'altri sacchi nel piazzale dove i rifiuti bruciavano
con fiamme che coprivano il cielo. Infermieri in file bianche
uscivano dal fumo con blocchi sulle spalle. Da una grata vidi un

camerone e lenzuola sopra corpi adagiati nelle barelle. In disordine. Un infermiere fu attratto dalla mia curiosità. «Guardi» mi indicò. «Persino i morti sono abbandonati a se stessi. Anche i loro spazzini sono giorni che non passano.» Un lunotto rischiarava la scena. Pensai che, scendendo nella camera e scoprendo le barelle, avrei riconosciuto i volti degli M.Z. finalmente uccisi dalla loro città.

Ce ne allontanammo.

Acquistavamo coscienza dei luoghi dopo averli raggiunti. Quell'inferno romano aveva la magia di farci volare da uno all'altro di punti lontani. Adesso eravamo a Campo dei Fiori. Adesso a Piazza dell'Oro. Anche i busti del Pincio spuntarono dalle fiamme. Ma fu all'Oste del Mattatoio che ebbi la certezza di vedere mia figlia partorita dalla sua nuova madre piromane. I clienti mangiavano all'aperto dove i fuochi sotto le carni si confondevano a quelli dei roghi.

Nel riverbero riconoscevamo i toni di Roma che un tempo andavamo cercando: stupendi sul giallo dorato.

Non saprei dire nemmeno come ci trovammo nel sottosuolo. Non più monatti infermieri, ma frati monatti ci fecero scendere alla luce di torce nel fango tiberino sul quale purissime linee architettoniche parevano sospese come nubi di nebbia a uno stagno. La nostra paura si confondeva con una fiammeggiante stratificazione di cunicoli, anfratti, voragini. Seguimmo un carro di frati gonfi e neri come i sacchi che avevamo visto ovunque e come se fossero loro ad ardere con l'impassibilità dei bonzi. Sfilò un lago dalle acque immote. Poi la tomba di un santo tra scene di banchetto pagano. Poi una pantegana reale che ci guardò appollaiata sopra un capitello. Forse la nostra anticristiana figlia stava annidata nel sudiciume della catacomba, nello stesso modo pronta ad azzannare.

I martiri apparivano raggelati da un fenomeno cosmico. Muovendoci nell'odore della santità che galleggiava su quello della putrefazione la cui sovrabbondanza veniva anche qui arsa con rabbia, ci rendevamo conto di cercare nostra figlia finalmente in noi stessi. Nelle nostre contraddizioni.

Sfociammo infine nella Cloaca Massima: i gatti erano a migliaia e ci accerchiavano inferociti dal fuoco che li premeva dall'alto. Le bocche aperte, le unghie sfoderate, tentavano di respingerci dal loro regno come due intrusi persino in quel rovente memento mori. Altri gatti ci rotolavano tra i piedi dai colombari e dalle cellette funerarie simili a nidi di piccione, i loro graffi erano fulminei.

Ci accolse un sotterraneo sereno.

Camminammo ancora, non so per quanto. Ricordo solo la bella via del Velabro con fuochi azzurri e chiari, quasi fosse la purezza a bruciare. Con tutte le nostre forze sperammo di trovare qui nostra figlia. Poi la via scomparve e mia moglie si specchiò nella piccola palude fluviale dove Faustolo trovò Romolo e Remo allattati dalla lupa. Girando gli occhi, non erano più né uomini né monatti, ma ombre che potevano non essere umane: portavano anch'esse i residui del loro nulla ad ardere sulla soglia delle acque.

Così raccontai a mia moglie della lupa che, come nostra figlia, era una prostituta povera e reietta che si concedeva ai pastori.

L'ultimo a fiammeggiare fu il quartiere Coppedè.

Ci ritrovammo seduti di fronte a casa con la nostra stanchezza, ed eravamo al muretto sopra il marciapiede.

Fu allora che un corpo sbucò dal cortile dove inutilmente avevamo cercato. Venne a sistemarsi tra noi e soltanto quando ci brontolò vicino accettammo di riconoscerlo per Minosse. Era un fagotto, anche lui, in uguale attesa che qualche monatto transitasse col suo carro. Mia moglie tese la mano. Capivo che temeva di vederselo sparire tra le dita e di ritrovarsi le dita nel vuoto. Invece non accadde più nulla che non fosse logico. La mano toccò la testa, prese il collo in una breve stretta amorosa. Ma quando arrivò alla punta della coda si ritrasse per un improvviso bruciore.

La coda era dritta, felice della carezza.

Ma sulla punta, per chissà quale viaggio compiuto quella notte tra le fiamme, bruciava un po'.

... di notte lascio aperta la porta del mio studio e così veglio mia moglie, mentre entra il suo lamento e io aspetto come da ragazzo – in certi giorni che rivedo chiarissimi, anche nei più insignificanti particolari – questa cosa che è l'inevitabile.

Sono immagini con cui riesco a superare le ore.

Ecco che tacciono i clarinetti e i violini. Le coppie si allontanano dalla pista. Anche l'uomo con la cravatta a farfalla e il colletto bianco e rigido cessa di dirigere. Un'anziana signorina grida. Un M.Z. entra in questo Ballo Gardenia Anni Trenta. Si avvicina a mio padre e a mia madre che sono rimasti soli nella pista. Semplicemente sorride. Semplicemente mio padre dice: «Vorrei finire questo ballo».

Fa un cenno all'uomo con la cravatta a farfalla. Che ci pensa per un attimo e a sua volta fa un cenno agli orchestrali. La musica riprende. Per mio padre e mia madre che ballano tra i compagni terrorizzati contro i muri. È la coda di una mazurka. Poi mio padre porta mia madre al tavolino dove, seduto, ho seguito i balli e la scena. Le bacia la mano con un'eleganza mai vista. Tocca la mia testa con la sua grande mano da marmista e segue gli M.Z. senza pronunciare parola.

Io e mia madre rimaniamo a lungo davanti alle bibite abbandonate come noi a riflettere le luci che via via si spengono nella balera. I compagni si disperdono. Usciamo per ultimi e ripercorriamo, tenendoci sottobraccio, la strada dove mio padre si è perduto: è il passo mio e di mia moglie nella Roma in fiamme e già allora imparo, con mia madre, come cammineremo all'infinito nell'Ade.

Attraversiamo la campagna d'Emilia. Gli Anni Trenta hanno nella terra un'ansietà rovistata dall'aratro, una luna che rende i cascinali definitivamente solitari. Mio padre – lo sappiamo – non tornerà per molti mesi. Mia madre cammina e sogna una seconda esistenza di uomini e donne che parlano tra loro nel mondo con una lingua da bambini. Lo capisco dal sudore della pazzia che, dalla sua mano, scivola nella mia come in un patto di sangue. Ci spinge nella campagna la passione dubbiosa di due naviganti che varchino un oceano. Imparo il senso della parola: avventura.

Non chiedo più spiegazioni all'assurdo. Quel rivolgersi di mia madre, quel cenno d'addio con la mano, eppure dietro di lei non c'è che il vuoto. Quel paralizzarsi, spalle al muro, lo stesso sudore della mano che ora le bagna i capelli, le scorre sulla fronte. Si vede contro mille bocche di fucili – lei al posto di mio padre – e ode dal cielo l'enciclica cantata dalla Corale di Parma per ogni morte gloriosa.

Chi, da questa vastissima notte deserta, dà l'ordine di fuoco?

Trascino mia madre crollata a terra e mi scopro padrone di forze che non supponevo.

Queste immagini cadono. Rinascono.

Cosa cerco di dire a me stesso in questa notte dove il fiato di mia moglie sta contro il buio della casa come un'acqua morta contro una diga? Che la vita che sto vivendo dal giorno della mia città sepolta nel mare di Delo non è affatto, come credevo, piena di sorprese? Che non è che una ripetizione, ridotta al banale, di enigmi, miraggi, sogni già conosciuti? E in quanto tale vanifica il fatto stesso d'essere ripetizione?

Che nemmeno gli M.Z. sono una novità, in quanto sono venuti da sempre a portarmi via qualcosa dalla mia casa?

Quando ritorno a Parma, e io e mio padre stiamo insieme, la fotografia di mia madre affondata in tutte le ombre, senza quasi parlare perché ci piace ritrovarci così, come se le cose da dirci dovessero ancora capitare, scopro che porta una sciarpa avvolta al collo pur essendo estate. Tossisce. Si scusa di tossire.

«È una vita» gli dico «che hai questa tosse.»

«Tosse da galera» sorride. «Non sparisce più. Ma è brutta solo di notte.»

Allora nasconde le mani sotto il tavolo.

Quando le fa riapparire, dalle palme spuntano miracolosamente delle fiammelle azzurre.

Come sempre, aspetta che io finga sorpresa: «Quando lo facevi allora» gli dico «credevo a un miracolo. E ne avevo paura».

Si ripulisce le mani. Scuote la testa.

«I miracoli non esistono. Basta del callo nelle mani e sfregarci dello zolfo. Certo che bisogna averci il callo che ho io.»

Come sempre gli rispondo: «Io non saprei mai farlo».

Affinché lui mi risponda: «Ciascuno ha le mani che ha».

Mi spiega, come sempre, che è uno scherzo che gli hanno insegnato in una delle tante galere che ora non si ricorda più. Compagni con pale da mulino al posto delle mani, calli titanici. Giganti capaci di capovolgere il senso della terra e di illuminare il mondo con mitologici miraggi.

Vuole che mi ricordi di una notte.

Gli M.Z. vennero con le loro macchine e sfondarono la porta. Dormivamo sopra la cucina, tutti in una camera. Trascinarono mio padre per la scala interna. Ma quando giunsero in basso, la luce si spense. Precipitammo nel buio più profondo. Si rovesciarono tavoli e sedie. Il lampo di una rivolverata infilò una finestra. Udimmo un rumore come di legni sfregati e la cucina si rischiarò alla luce delle palme di mio padre: protese con le fiammelle verso gli M.Z. Mio padre stava su una sedia di fronte alle pistole puntate. Aveva il solito sorriso da santo.

Disse: «La luce, in questa casa, va e viene. Come l'acqua. Come il pane. Perché noi siamo poveri. Ma è dei poveri fare miracoli».

Si rivolse al capo degli M.Z.:

«Avanti, mettimi le manette. Fra poco tornerà il buio.»

L'altro non si muoveva.

La paura che fino a un istante prima era stata mia e di mia madre, ora passava in lui e nei suoi amici: da fisica si trasformava in magica.

Mio padre gli disse dolcemente: «Non aver paura. Vieni».

L'uomo si decise e avvicinò le sue mani con i ferri alle mani di mio padre e a me sembrò che impiegasse un tempo infinito. Non appena le manette si strinsero intorno ai polsi, le fiammelle si fecero più piccole, scomparvero. Restammo di nuovo al buio, ma nessuno gridava più. Anche mia madre piangeva così sommessamente alla ringhiera che quasi non si udiva. La porta restò aperta sul gruppo che portava mio padre in fondo alla campagna.

Poche ore dopo, io lo salutavo.

Fu una sua corsa dalla parte opposta di un lungo corridoio. Mio padre si liberò degli M.Z. gridando il mio nome. Mi raggiunse e si inginocchiò. Stringendomi ripeteva: «Ma perché ci sei? Perché vivi? L'avrei già fatta finita, se tu non fossi nato!».

Un sacerdote mi strappò dalle sue mani. Mi strinse la testa. Non dovevo ascoltare le altre sue parole. Ma ancora udivo: «Avrei dovuto restare una pianta secca!».

Lasciammo il carcere per il cortile deserto alla prima luce. Mio padre gridava ancora da una grata: «Una pianta secca!». Ci legava una paura tornata terrena. Il sacerdote aveva paura perché a mia volta avrei avuto paura della vita. Mia madre aveva paura per mio padre. Io guardavo le stelle che se ne andavano a poco a poco nell'alba e tutte queste paure diventavano un mio passo faticoso che mi allontanava da un Dio troppo disperso nei cieli per vederci, mentre ci chiudevano i cancelli alle spalle.

... con questo passo raggiungo mia moglie.

E mi affaccio dalla terrazza quando gli M.Z. portano via mia figlia; vedendola scomparire nella notte mi dico:

«Una pianta secca!»

Un bellissimo autunno, ci siamo detti.

Ha voluto un gelato. Le viti odorose circondavano il bar all'aperto. Eravamo solo noi tra le sedie di vimini. Abbiamo pensato alle nostre lontane gite domenicali. Sembrava un gran viaggio fuori Roma. Un'euforia di cesti e di preparativi. Mentre ci si fermava alla prima selvetta meno malinconica. La colazione era fatta di piccole tovaglie bianche che volavano.

Gustandone il sapore con molta lentezza, abbiamo cercato che il gelato finisse il più tardi possibile. Prolungavamo quella speranza senza senso che dilata il tempo dei dormiveglia.

Ci siamo quasi dimenticati di qualcosa. Senza sapere di cosa.

Allora lei mi ha detto: «Ormai è inutile aspettare».

Già mi guardava dalla distanza dei suoi occhi azzurri. Si toccava con stanchezza la collana sul petto.

«Voglio che sia domani» ha aggiunto.

E io le ho risposto:

«Va bene. Domani.»

Era il più sereno plenilunio che avessimo mai visto.

Un albero, che aveva la forma di un Cristo appeso dentro il cielo, restava la sola cosa buia in tanto bianco che resisteva alla notte.

In tutta la nostra vita, mai giornata è stata più felice.

Ancora prima dell'alba ogni cosa era viva. Gli uccelli nelle gabbie si arruffavano di contentezza per il cibo che mia moglie distribuiva. Lasciando scritto su foglietti appuntati qua e là le ore esatte in cui la donna delle pulizie avrebbe dovuto ripetere l'operazione nei giorni della nostra assenza.

E qua e là spargeva mucchi diversi di cibo, pesati col bilancino, avvolgendoli in carte colorate, a seconda delle diverse razze. Una coppia di una piccola specie le è volata addosso con più gioia degli altri.

«Si chiamano verzellini» mi ha detto.

Così ho imparato il nome delle due bestiole, dal piumaggio a gialli e verdi vetrosi, che più attraevano il mio sguardo e mi facevano compagnia durante le mie solitudini in terrazza.

«Nidificano dalle nostre parti. Nella valle padana.»

Anche per questo abbiamo pensato al Po?

Chiudeva il capitolo dei suoi uccellini alla maniera di uno spartito musicale col finale in bellezza. Le uccelliere in fila erano un solo grande strumento che lei suonava dando addio alla casa. Andava eccitando le gazze pigliamosche, battendo sulle sbarre delle gabbie come sui tasti di un pianoforte. Subito accarezzava altre sbarre come le corde di un'arpa. Ciascun accordo o aria o recitativo dei volatili obbediva ai tempi della sua costruzione musicale: e quella che componeva tutt'intorno a me, più che un allegro scambio di saluti, era la declamazione di un trionfo.

Gli uccelli cantano per far sapere che la località è occupata.

Lasciavamo dunque la nostra casa, ormai senza padrone, a buoni guardiani.

Mi ha chiamato vicino a sé.

Una rondine marina dormiva ancora nel chiasso dei suoi simili. Il maschio non ha ancora cantato, mi ha spiegato mia moglie: e il maschio stava rannuvolato sotto il tetto della gabbia. Ma è bastato l'avvicinarsi del suo occhio perché anche qui il duetto si alzasse e nel canto antifonale, che ricordava tropicali foreste, uno dei due coniugi accennasse poche note che venivano subito riprese dall'altro. Le rondini marine si alternavano con tanta perfezione che, se la luce non fosse stata così viva e le bestiole stagliate come pietre azzurro cupo, sarebbe stato impossibile credere che l'armonia venisse da due uccelli prigionieri e svegliati anzitempo a far festa.

È uscita senza voltarsi.

E già volava con me in macchina.

Uscivamo da Roma addormentata e lei guardava le case farsi più rade verso l'autostrada, dicendo le sue parole senza senso che ora acquistavano un senso solo per me ad ogni nuova casa con le finestre e le porte chiuse, e intorno nessun essere umano: «Addio vagabondi, ciarlatani, simulatori, furfanti, imbroglioni d'ogni risma!...».

Non parlava. Cantava. E io riconoscevo, via via, la medesima aria che aveva imposto alla sua orchestra di volatili. Nulla di nostalgico o triste. Ma un allegro che strada facendo acquistava chiarezza, mentre si chiariva anche il nostro andare, di cui all'inizio non sapevamo nulla, col deviare dall'autostrada per strade sempre più di campagna; era l'*allegro* mozartiano del *Don Giovanni*, che ora cantavamo insieme, dandoci coraggio: «Fuggi, crudele fuggi...».

E a caso citavamo, ora io ora lei, dissolvendosi nel motore le nostre voci: «Non sperar, se non m'uccidi, ch'io ti lasci fuggir mai...».

E io:

«... bellissima Donn'Anna, se servirvi poss'io, in mia casa v'aspetto: amici addio!»

E ancora lei, rondine marina risvegliata con tutta la sua contentezza di rispondermi:

«Cor perfido!»

E io, rondine marina non più rannuvolato per nessuna ragione:

«... e se ti piace, mangia con me!»

L'ho rivista in questo giorno la donna più spiritosa che abbia conosciuto. Amante della chiacchiera felice. Libera naturalmente da ogni bufera che non fosse destino d'altri. Mi sono ricordato direi all'improvviso, come se in realtà non ne fossi sempre stato consapevole, che l'avevo sposata per questo e avevo depositato le mie malinconie nell'uccelliera gaia che lei è sempre stata, anche nel proiettarsi nelle tante uccelliere con cui ha popolato la casa.

Era così bella quella corsa, che mi è stato facile allontanare il rammarico di non averne goduto per troppi anni, distratto da propositi senza senso, lavori senza senso, donne senza senso. Si ripeteva la trasformazione di quella notte. I capelli al vento, era irriconoscibile. Il sano colore ritornato sul viso. Rosse le labbra. Le rughe scomparse dagli occhi. Le mani ritornate quelle infantili, che le piaceva posare sulle cose perché gli altri le ammirassero. Le forme che durante vent'anni avevo visto nascere e morire in lei, passando le età, tutte rinascevano nel suo corpo, a concerto di colori simile a quello dei suoni che ci eravamo lasciati alle spalle.

Non esisteva più l'artificio.

Né il dolore, lo scherno, la carità, la speranza. Era una giovane donna che mi portavo in macchina. Che stavo per conquistare come si conquista una donna le prime volte nella vita, per piccole strade laterali verso i boschi, fiancheggiate dai tronchi, che mandano un forte odore all'alzarsi del sole.

Allora anche il vuoto, di cui mi aveva insegnato i sogni e i terrori, non esisteva più? Era dunque simile a una delle illusioni in cui, da compagna, mi aveva dimostrato che esso si manifesta, questo vuoto che ci aveva uniti dopo che una vita falsamente piena non aveva saputo unirci?

Come potevo pensare alla diavoleria della vita ora che lei mi indicava gli alberi di mele, pregandomi di arrestare la macchina, un solo istante, perché voleva con le sue mani spiccare una mela?

L'ho fatta scendere.

Mi sono ricordato di una sua frase:

«Abbiamo commesso l'errore di tutti, mio caro. Di credere realmente d'essere due cose serie.»

Restava impietrita dalla gioia di fronte all'albero. Anche dentro al melo che si piegava leggermente sotto il suo peso cantavano gli uccelli; ma guardando in su e affondando i denti nella polpa della mela, non poteva far nulla affinché quel cantare si spandesse, dall'albero agli altri alberi, con una grazia sensata da *madamina, il catalogo è questo*. Le armonie andavano ciascuna per conto suo.

Finalmente è apparso il Po. Senza che ci fossimo accorti che erano passate molte ore e che era già pomeriggio.

«Abbiamo volato» ha detto.

La luce delle acque saliva tra segni estivi e brumali: un tempo dell'anno che ci è caro, perché non appartiene a nessuna stagione ed è unicamente sostanza arborea che ha la premonizione luminosa di quelli che saranno i suoi colori.

Ci siamo messi a camminare.

I profumi delle piante erano acuiti dall'allungarsi delle ombre e lei li riconosceva uno ad uno, elencandoli con una monotonia da bambina e come ripetendo una lezione da poco appresa. Cipressi, olmi, platani, altri cespugli ancora larghi di fiore. Superstiti more selvatiche. Citava i nomi delle erbe a pelo d'acqua, a metà dorate, a metà già irrigidite dal freddo. Io la seguivo e l'ascoltavo. Ma come tenendomene lontano. Senza curarmi delle parole, piuttosto del timbro della voce, che non era più stanco e nemmeno adulto; al contrario, per la stessa metamorfosi, gaiamente sconnesso.

«Quest'erba» esclamava «la chiamavano Leopolda.» E mi ha offerto il mazzo coi gambi spinosi. «E quest'altra topo bianco. E questa barbagianni!»

Mentre le mie mani si riempivano delle erbe che strappava capivo che ormai io ero il Gran Vecchio, della biblica grandezza della Montagna, e lei la nana bambina, tutta bianca di un sole che a me non poteva trasmettere alcun calore, rallegrata da passeri e cornacchie e colpi di remo al fiume, che io non potevo più udire perché il mio silenzio era assoluto. Solamente il suo strano timbro di voce mi era udibile e avevo il diritto di riconoscerlo logico, della logica che sta oltre la vita. Come il suo ridere.

Non ero io che l'avevo portata in quel punto né io che la seguivo. Ero io che la scoprivo, semplicemente, senza mai averla vista prima: nel suo vestito rosso-sole, inginocchiata a riconoscere creature a lei solo note, lei stessa finalmente uguale a uno dei sogni che mi aveva insegnato. Mi stava così vicina che potevo toccarla, ma un senso di non appartenenza al suo mondo mi tratteneva dal farle notare la mia presenza.

Immagine mentale o sogno o qualunque cosa fosse, dovevo lasciarla libera di regredire nel tempo, a un'età indefinibile, ricordandomi di altre sue parole all'inizio della nostra storia:

«Forse sarebbe più giusto nascere vecchi e morire bambini.»

Finché non seppi trattenermi dal chiamarla per nome, accorgendomi che la prima cosa a cui mi ero disabituato, da quando mi ero disabituato a lei, era stato il chiamarla per nome.

Riprese a seguirmi.

Cara moglie lombarda che, arrivando al fondo del suo cominciare a vivere, riacquistava anche il suo dialetto dimenticato, mangiando in una trattoria di campagna:

«Ho bi ol i!»[1]

La vedevo mangiare con appetito:

«Ho bi ol i!»

Non era nemmeno più la sua voce che ritrovava toni e parole perdute. Erano voci fanciullesche di altri che salivano alla sua gola, e che lei aveva diviso in chissà quali stanze o campi o trattorie all'aperto.

«Ho bi ol i!»

Il suo cantare ridotto al pigolìo di un passero.

Scomparve dietro la pergola.

Metteva un piede avanti all'altro con un movimento da balletto. I suoi capelli s'erano infoltiti di striature chiare, come per il

[1] Ho bevuto il vino, in dialetto bergamasco.

sole e il salino dopo una vacanza. Scambiava occhiate divertite con esseri che non vedevo. Tornava davvero da una lunga vacanza e ritrovava volti familiari. Le rispondevano. L'animavano coi loro gesti e saluti, felici di rivederla. Tutta la pianura verso il fiume era piena per lei di sorprese. Percorremmo una curva cieca tra le gaggìe. Levò un pettine e uno specchietto. Anch'io, sulla sua scia, ritornavo di un'allegria irreale, lasciandomi guidare da una luna che s'affacciava aguzza dall'acqua, caduto il vento, scomparsi gli uccelli, la scena sempre più oscura. Qualcuno vagava nel crepuscolo fluviale con grandi lumi rossi.

I nostri piedi affondavano e alle scarpe si attaccava uno zoccolo di fango.

Non riuscivo più a vedere il suo volto sotto la massa dei capelli.

Abbiamo scorto la *Bettolina* in mezzo alle gaggìe, anch'essa affacciata alla sua lanca a terrazza. Ci è parsa molto più imponente di quanto la ricordassimo. Raggiungendola, abbiamo provato un senso di solennità. Ho visto la catena sciogliersi da sola e la *Bettolina* venirci incontro quasi ci aspettasse.

Con la *Bettolina* si risale fino a Cremona: il vecchio cartello non è scomparso. Il barcone è più lucente e veloce. Ha smesso di caricare ghiaia e sabbia, ora carica petrolio grezzo, venendo da Marghera. C'è ancora un capitano, comunque, e un equipaggio che si concede ancora compiti ufficiosi: come questo di raccogliere le anime perse degli operai che tornano a casa dalle cave e segnalano i loro gruppi in attesa con una bandiera bianca infissa nel fango; o altre anime perse che hanno sulle spalle ben altra fatica, come noi due, che rimontiamo sulla *Bettolina* dopo vent'anni.

S'impiega soltanto un'ora in più della ferrovia.

Stavolta non sappiamo dove scenderemo. Né possiamo nasconderci nella pancia della *Bettolina*, dove le prime volte ci siamo presi affondando nella sabbia che non c'è più, e la sabbia sollevata agli oblò dalle ventate si depositava nei nostri polmoni come in clessidre, via via ci seccava la lingua, ci bruciava la bocca; si era imparato il tempo che impiega la sabbia di fiume a riempire i polmoni di due amanti un po' pazzi, e in quel tempo si faceva tutto l'amore che si poteva, ma sempre un po' ne restava da fare.

Ora stiamo seduti di fronte, su due panche.

Dalla pancia della *Bettolina* escono i raggi del faro. Sono fiati di zolfo che illuminano gli stabilimenti industriali che si sono moltiplicati nella piana, i villaggi dei pescatori che quasi non esistono più.

Bianchi di sabbia sono gli operai delle cave, con gli occhi che si chiudono, lasciandoci parlare in pace.

Aspettiamo, anzi, di parlarci.

S'è alzato di nuovo il vento e io le ho messo la mia giacca sulle spalle. Vi si è rannicchiata dentro. Se non sapessi del suo male, direi per una piacevole e assonnata sensazione d'essere protetta da qualcosa che mi appartiene. So invece che se le toccassi la fronte, incontrerei una lama fredda. Cerco di distinguerne il volto, per averne memoria, ma nel buio si vede appena che siamo noi due. La saliva le brilla a gocce sulle labbra. E le brillano i denti, a momenti. Capisco da questa semplice luce che si apre e si chiude come l'occhio di un gatto, che anche in questo cominciare della notte lei è sempre felice e sorride. Eppure sta abbandonandosi a una stanchezza immensa come la volta del cielo che ci accompagna. Per un attimo vedo che le sue unghie graffiano la superficie della panca, perché da uno spioncino la fiamma di un fuoco mostra la bottarga cotta sotto la cenere, che è il cibo dell'equipaggio.

Poi la *Bettolina* s'immerge sotto un ponte di chiatte.

Se non si muove da quel punto della panca, la testa sempre più nascosta dentro la giacca, i piedi dentro il vestito, è perché le tremano le gambe e tutta la sua sete di felicità non ce la fa più a reggere il peso della schiena.

Allora mi parla, in fretta, confusamente, accorgendosi di non avere più tempo. Mi chiedeva già vent'anni fa, quando dovevamo conoscerci, e più che mai ora dovremmo conoscerci e magari incominciare una vita:

«Chi ha detto che i sogni sono una specie di follia e la follia è una specie di sogno?»

Io le rispondevo, e le rispondo, il nome.

«Cosa cerchi? Cosa vuoi?»

«Non lo so. Non l'ho mai asputo. Ho sempre cercato delle cose, ma sono sempre state altre cose a trovarmi.»

«Laggiù c'era una forca. La gente andava a vedere gli uomini appesi alla forca. Batteva le mani se la forca funzionava.»

Vent'anni fa c'era il lume solitario di una piazza di paese. Adesso non scorgo né il lume, né la piazza, né il paese. La *Bettolina* manda la sua luce di zolfo nel nulla del buio.

«Hai sentito?»

«No.»

«Era un grido.»

«Io non sento che il rumore della *Bettolina*.»

«Quando imparerai a non riconoscere soltanto le tue cose concrete?»

Nelle sue parole di allora c'era già, quindi, tutta la nostra storia. In queste sue parole che si ripetono non so cosa ci sia.

«Come potremo capirci?»

«Non ci capiremo. Se non quando tutto sarà finito.»

Stavolta lo dice come una madre, ma lo dice. E di nuovo:

«Fai in modo che io non ti disprezzi. Mai. Fai ciò che devi.»

Io ho il coraggio di mentirle come quella volta: «Lo farò».

Le domande e le risposte si succedono, anche le più banali. Ma ho come la certezza che lei non mi parli più da molto tempo e che sia io a inventare le parole o a udirle con quell'orecchio inesistente con cui mi ha sempre ascoltato.

«Vedo una luce. Adesso si è spenta. Non abbiamo mai parlato di Dio, io e te...»

Solo in questa notte le chiedo:

«Parliamone.»

«Ormai è tardi. Dovrei parlarti di un Dio che non ti riguarda. Diverso dal tuo. Che vive dentro di me in un modo doloroso e umiliante. E io lo maledico.»

La sua mano, che stava rossa fuori dalla giacca, si è fatta bianchissima. O è soltanto perché sul fiume si è alzata la luna aguzza.

«*Sciarósa, pendula alma...*»

Anche sulle sue palpebre chiuse.

«Sono l'unica persona al mondo che ha creduto che tu abbia un valore. Ecco perché...»

Più nulla, da molto tempo, si è mosso di lei. Nemmeno il vento riesce ad alzarle i lembi della giacca.

«Se tu avessi il coraggio di uscire da questo mondo che ti sei creato, saremmo in salvo. Potremmo nasconderci nel posto sperduto che dicono non esista, ma esiste, e inventare cose nuove. Ma tu non avrai mai questo coraggio.»

«E allora?»

«Allora resterai solo.»

Come può essere tutto così fermo, di lei, e uguale alla panca sulla quale si è rovesciata?

«Penso a quanti anni impiegherai a dimenticarmi. Una donna morta si dimentica assai prima di una donna viva. Non c'è nemmeno il rischio di incontrarla per caso. E tu hai sempre dimenticato presto anche le donne vive.»

Le tende della *Bettolina* sbattono al vento. Non potrei udirla nemmeno se rantolasse con un grido.

«Rispondimi.»

«L'importante è trovare una posizione che non faccia sentire il dolore. Io ho cercato di aiutarti a trovarla. Non ci sono riuscita. Io l'ho trovata.»

Sono parole che solo io m'invento. Non può essere che così. Il suo corpo è più silenzioso della notte.

Eppure mi dice ancora, come una madre, cose che della vita non sono fondamentali, le cose più da nulla che mi ha detto sempre, che pure erano le uniche che mi lasciavano un segno:

«Come farai, senza di me? Disordinato e sbadato come sei?...»

Le raccomandazioni da nulla prima di ogni sua partenza.

«Ricordati di chiudere il gas, andando a dormire. Si gira verso sinistra. Non verso destra. E di dare acqua alle piante. Impara il piacere di queste piccole cose. E cerca di dormire. Riposati... E bada che le mie gabbie...»

Allora capisco che queste sono le sole parole vere che lei mi abbia realmente detto.

E da come me le ha dette, dentro il buio della giacca ammucchiata sulla sua testa caduta sulla panca, che lei si è addormentata per sempre.

E cosa resta a un uomo come me, che tanti mesi prima di questa notte ha già visto la sua morte nella stessa mano che spunta, bianca, con le dita raccolte, tra le quali una fede brilla un poco? Senza sapere ciò che adesso so: che si può morire anche senza tragedia, felici?

X

Non ci vuole molto ad arrivare da quella riva del Po a questa casa di Parma.

Mi è sembrato un breve viaggio fatale.

Adesso che sono arrivato, ho paura che una voce mi dica:

«Nulla, di ciò che lei cerca, esiste più. Ma tutto sorgeva in questo campo di margherite. Ed è giusto che il campo sia suo. Le appartiene.»

«E l'àncora?»

«Anche quella è scomparsa.»

«E le statue di mio padre?»

«Ha detto lui stesso: distruggetele col piccone.»

Non può essere. Che io sia arrivato così tardi. Eppure ne ho paura: anche se non mi è arrivata nessuna notizia.

Qualche voce si dissolve. Altre sopravvengono:

«I muri erano decrepiti. Le crepe s'aprivano come fulmini nei cameroni. Suo padre credeva che qualcuno salisse e scendesse per le scale, qualcuno che finalmente si ricordasse di lui e volasse a trovarlo e a dirgli eccomi, invece erano le crepe con le loro saette e quasi davvero lo colpivano, perché tutt'intorno la casa si spaccava come una specchiera centrata da una scarpa.»

Non ho nemmeno bisogno di fare domande.

Mi rispondono:

«Suo padre non sapeva dove sbattere la testa. Allora dormiva in fondo a un letto, tappato al buio, e diceva: che non entri neanche un filo di luce qua, io voglio prepararmi, abituarmi al buio come le civette. E quando un filo chiaro entrava per caso, gridava e quasi piangeva, muovendosi nella stanza col suo pallore, ripetendo: l'avete combinata bella, adesso devo ricominciare da capo, era più di un mese che ero contento perché non vedevo un filo di luce, e ho sempre meno tempo, ormai non so se riuscirò ad abituarmi al buio eterno da vivo.»

Ma poi le voci si dissolvono.

E io rispondo a mia volta:

«Eppure io mi ricordavo di lui. Sempre. Ogni giorno. E mentre ne rivedevo la figura provavo una grande pace per lui e per me e per quella città che ci circondava. E sapevo come sarebbe stato se io fossi ritornato a mettere piede su questo campo di margherite.»

Queste sono le mani di mio padre.

A forza di lavorarci, la pietra se le è rifatte a modo suo. Appena può, le affossa nelle tasche. Ha vergogna dei calli neri e viola come se lui stesso se li fosse intagliati con la sua fantasia da marmista che riproduce i giganti.

Se era un Dio, a muoverle, o un qualunque *stride la vampa*, che è la sua maniera di cantare Dio, tutto è finito da un mucchio d'anni e non gli ha lasciato che il bicchiere di malvasia rimasto pieno sull'erba a due dita dal piede.

Ormai s'addormenta sul bicchiere. Da cavallo sulla greppia che continua a sbattere le orecchie alle mosche. Lo lascio dormire con la testa come mi è scivolata via dal nostro parlare, contro il sole che tramontava nel frumentone e sulle acque diventava anch'esso un fiume di luce sospesa. Da queste mani – mi dico – è venuta la mia unica passione: per le pietre morte, escrementi della storia da scovare sotto la terra o nelle profondità del mare.

Pale da mulino, lui dice. Eppure conoscono dolcezze inesprimibili. Al mio arrivo, sono scivolate sopra le mie con un pudore che le ha rese due piume. Ho immaginato, all'inizio dei miei cinquant'anni, la notte in cui si sono appoggiate sul sesso da cui sono nato con la medesima grazia che fa dimenticare la loro volgarità deforme. Più le guardo, più mi commuovono. Quante volte si sono strette a qualcosa di conquistato e subito perduto: ora colme di nulla: ed è il nulla di un luogo distrutto su cui sbattono le tende di casa.

Mi aggiro tra le pietre che esse hanno lavorato. Popolano il campo. Angioli, capitelli goffi, imitati da stili la cui esistenza intuita sull'onda della malvasia e del barbera, ha verità da vendere alla mia storia libresca. Anche le lapidi sono allegre. Le scritte patetiche che i parenti gli commissionano se le gioca col suo spirito da vecchio sapiente. Abbondano le statue un po' pazze che nessuno gli commissiona. Un grosso rospo con in testa una corona. Il senso? Il senso – fa – dei rospi. *Séns cmòn l'è quel di matt!*[1] Una donnina nuda affonda tutta nel gomito con la grazia di un daino. Ha vergogna delle natiche smisurate che spinge al cielo. Se non sapessi chi l'ha scolpita, vi vedrei il frutto di un incubo; mentre, per lui, non è che *al bcón dal prét*[2] di una ragazza di campagna che si offre a un invisibile compagno. Vi faccio scorrere il dito: mi trasmette la misura di quella sensualità beffarda che ho ereditato da mio padre.

Degli altri non si capisce se siano putti o nanetti o soltanto esseri che lui ha inventato, dandoci l'anima in cui non crede. Sai te cos'è l'anima? La testa dura fin che ce la fai a darla contro il muro. Mai mi sono aggirato con tale rapimento dentro i fantasmi diciamo pure della sua testa dura. Se una cosa dopo la morte di mia moglie poteva farmi sentire ancora più solo, è questa fantasia così potente da deridere la terra e il cielo. Che mi sono sempre augurato e non ho mai avuto.

Invidio dunque le creature saltellanti dai loro sessi che assumono incredibili forme. Un glande scoppia nei petali di un margheritone. Un sesso femminile ha un occhio al centro. Un altro un copricapo claunesco. Due testicoli ridono col ghigno di megere sotto l'asta spropositata di un omino. Mentre sull'asta di quest'altro nano siedono quieti i figli e le mogli, come in una luminosa scena etrusca. Ogni figura ha la destra alla fronte e scruta l'infinito. Ma l'infinito è a due passi. Dovunque si guardi, ne spunta dall'erba il ridente folletto.

Non hanno niente da invidiare a certi ritrovamenti della ci-

[1] Il senso comune è quello dei matti.
[2] *Al bcón dal prét*: parte posteriore dei gallinacei, che la tradizione culinaria cita come il boccone per eccellenza, in quanto tale riservato agli ecclesiastici e agli ospiti di riguardo.

viltà minoica, crioforos della Dea Madre. L'azzurro delle «Signore azzurre», il fiordaliso del «Principe dei fiordalisi», il salto dei delfini nel Megaron della Regina, sono gli stessi: e simili gli abitatori di questo povero campo alle statuette di Cnosso o di Festo.

Un'altra premonizione della mia vita, alla quale solo oggi faccio caso.

Mio padre riesce a dormire senza spostare il piede di quelle due dita che farebbero rovesciare il bicchiere.

Camminiamo per Parma.

Nei viali esposti alla luna sembra una città sconosciuta. E per me lo è, dopo questi anni d'assenza.

Lo porto dove io e mia madre ci lasciavamo portare dal sogno del suo ritorno. Benché non ci diciamo parola, lo capisce. Come capisce di occupare accanto a me lo spazio lasciato vuoto da una povera donna che non ha avuto che questo ruolo: di non essergli mai accanto.

Che importa se il tempo non è più quello?

Se c'è una cosa che conosce da sempre, è che il vero tempo non ha logica. Altrimenti è illusione del tempo. Noi siamo, per esempio, due uomini che camminano svelti e rappresentiamo quello che era l'enigma di un futuro per una donna e un bambino che camminavano lungo le medesime strade. Mentre quella donna e quel bambino rappresentano, contemporaneamente, l'enigma del passato che noi stiamo inseguendo ora.

Eccole, le vere vie del sogno.

Dove ciò che è esistito e ciò che poteva esistere si incontrano, come sopra un muro ventoso un ramo e la sua ombra.

Lo conduco nei portici di piazza Garibaldi. Anche Parma stanotte è in un tempo senza presente. Così, mi dico, ne troveranno i frammenti deserti e silenziosi coloro che scaveranno nella crosta terrestre di un mondo futuro. Riesco già a leggervi la leggenda di un'isola della grecità classica.

Attraversiamo il ponte.

Qui stava il Forte di Makallè. Il santuario della città del popolo. Adesso quattro muri.

Un albero.

Una scala.

Da una finestra – ma come può abitare ancora qualcuno lassù, tra due gronde incrociate? – esce il cantare del Fantini. È lo stesso di tutti i nostri padri.

«Credo in un Dio crudel che m'ha creato.»

Ma debole. Al fondo della voce. Come il richiamo di un ragazzo malato. Il vento della notte lo fa girare sopra i tetti e il canto parte e muore nello stesso punto dove dentro una gabbia vola una gazza.

Corro su per la scala.

Mio padre mi segue adagio. Anzi, mi accorgo che si è fermato ai piedi della scala. Sta contro il muro. Si vergogna. O forse l'alba è un grande freddo dentro la sua giacca. Ha cercato di trattenermi.

Io batto alla porta del Fantini.

«Fantini, apri!»

Da dentro mi risponde:

«Credo in un Dio crudel.»

Guardo la porta. Guardo mio padre. Sempre più scivola nel buio.

Fantini, che già allora mi appariva centenario, è stato il suo maestro: gli ha insegnato lui cos'è un'idea.

«Vieni» gli dico. Ma non si muove.

Mia madre saliva per questa scala, di corsa come faccio io, e come me tempestava l'uscio di pugni.

«Fantini» gridava «la colpa è tua.»

Già allora le rispondeva questo lamento da gazza che sbatte le ali sopra l'abisso del rudere:

«Credo...»

Come allora Fantini, il corista, non apre. Non può aprire a nessuno il suo canto, che è il suo mondo dove sta chiuso da gazza, perché la sua follia già oltre la vita non ha porte per chi è savio e ancora vivo.

Una donna s'affacciava alla porta di fronte.

S'affaccia.

«Lo lasci stare» diceva, dice. «Non può sentirla. È matto ormai il Fantini.»

Vedo mio padre girare la faccia contro il muro. Perché la donna non lo riconosca. Siamo, anche qui, in un regno delle ombre e ad esse basta il girarsi delle foglie al vento perché avvenga il dialogo muto dell'universo delle cose.

E mia madre riprendeva:

«Fantini, almeno rispondimi. Dimmi se lo uccideranno e quando.»

Invece è laggiù. Talmente vivo da vergognarsi di esserlo. Sotto lo scolare della grondaia, come mia madre avrebbe dato la vita per vederlo.

Così scendo. Di nuovo lo raggiungo.

Il Credo del Fantini ci insegue dentro Parma dove è già giorno. Le foglie sono bianche in questa luce e ciò che prende d'assalto il Petitot, e i primi garzoni in bicicletta, sembrano folate di una neve fuori stagione.

Mi prende sottobraccio. Davvero è il suo modo di chiedermi scusa d'essere vivo.

Sta curvo sotto il suo peso di uomo destinato a sopravvivere. Ora passiamo davanti al portale della Steccata che ci investe col profumo d'incenso e lui si ferma, lo aspira profondamente dentro i suoi polmoni di ateo. Sopravviverà anche a me. Come è sopravvissuto a mia madre. E ai suoi compagni con cui ha cercato di dare un senso a grandi imprese. Vittima mai completamente immolata. Quando mi dico che sopravviverà anche a me, mi vedo nella gloriosa storia delle vittime che si è lasciato alle spalle, ritrovandosi ogni volta con le mani da marmista sulla sconfitta che acquistava il più desolato peso terreno in un blocco di pietra.

In quel blocco era chiamato a ricordare una testa di compagno. Un suo modo di guardare. Uno dei suoi ultimi gesti.

Così in qualche cimitero della prima guerra. Sul posto di qualche eccidio fascista. Nei sagrati dei Morti del Ventidue. Nei primi lager del secolo, come il cimitero di Barcellona dove stanno gli scaricatori della Puerta de Sol.

Nei confini di Ustica, di Lampedusa, di Lipari.

Teste che non portano elmetti o copricapi guerreschi. Ma

cappelli da passeggio. O chiome come penne di gallo, di falco, o pelo di faina. Se lo chiamavano gallo o falco o faina.

All'ombra delle croci piantate da lui stesso egli vive e vivrà, povero Dio di terra, che ha già scontato la sua croce. La sua condanna all'esistere sembra non avere fine. Qualche volta vorrebbe non riconoscersi. Provare davvero vergogna di se stesso.

Come adesso, che lo porto a dormire. Sotto le campane di Parma che suonano tutte. E lui porta me.

Mi chiedo quale mio gesto, e quale cosa del mio volto che fisso nel suo, raffigurerà nelle sue pietre da genio sconfitto e contadino.

Già con lui avrei potuto capire cos'è un sogno. O che i miraggi sono a portata. Come il vuoto.

Quando tornava dalle galere e mi diceva: monta. Sulla canna della bicicletta.

«C'è un morbo» esclamava.

Stavo dentro al suo tabarro, l'unico morbo sembrandomi la brina che mi gelava il naso. Ma la sua mano mi ripescava: «Guarda là». Dove non vedevo che cielo bigio. Secondo lui il morbo stava nel cielo bigio. «Sgretola...» soffiava sul manubrio. Pedalava dietro un lume di auto. «Dissolve!» Ma era il lume a dissolversi nel nebbione. E noi con lui. Impantanati, avendo perduto la strada, continuava: «Una malattia della pietra, capito?». Diceva «capito» come quando mia moglie cercava di spiegarmi i sogni.

Cattedrali, monumenti, lastroni da strada.

«È la fine del mondo. E nessuno lo sa.»

Stringeva nel pugno pezzi di mattone. Si sfarinavano.

«Un cancro grande come il cielo. Un brutt càncher di Dio!»

Andavamo in giro – secondo lui – ad aggiustare la storia di quella gran bella città che è la nostra, liberandola dalle parti cancerose.

La panchina delle Roncole, dove mi spiegava era nato il «Va pensiero», s'era sbeccata in un'orecchia. L'aiutavo a scrostarla dai glicini.

Anche i sedili della *Bevradóra*[1] si torcevano col male che annunciava della fine del mondo. I figli della pietra, diceva anche, più poveri e colpiti. Non passava settimana che qualcuno non morisse e noi ne raccoglievamo i resti. Questa dei cassonieri che si fermavano a far bere il cavallo attaccandogli al muso il sacco della biada, era anche la nostra storia di bestie da macello.

Perché erano quelli i grandi padri da cui venivamo, i portatori di ghiaia e sabbia dai fiumi, un po' padroni e un po' cavalli, un po' flagellanti e un po' flagellati, e quando la bestia veniva sparata dalla pistola col chiodo o squartata al mattatoio, con il suo sangue addosso come un'insegna andavano a stare su quelle pietre, aggiustandosi in se stessi come faraoni defunti.

E chi il cavallo ce l'aveva ancora vivo e sano, gli portava monete ai piedi, senza che pietà e vergogna corressero tra chi dava e chi riceveva.

Sui sedili ora agonizzanti lungo il canale avevano sfregato secoli di zolfanelli. Minute e gialline, le striature dello zolfo richiamavano le età della terra nella scrittura di un fossile. Ci avevano appoggiato le scodelle del quartino. E con i loro infiniti anelli anche le bevute secolari sembravano geroglifici sulla felicità di una specie umana scomparsa, come l'Atlantide, col suo paradiso perduto.

I matti del nebbione, dicevano i contadini vedendo noi due vaganti in bicicletta, per le strade maestre e le scorciatoie, dietro visioni che stavano soltanto nella nostra testa e come altarini galleggiavano in quei fumi bianchi che facevano deserto il mondo quasi l'apocalisse che mio padre annunciava già fosse discesa; e gli uomini li vedevamo nelle luci rade delle lampade, dove s'addormentavano alle stufe con la loro disperazione, e mio padre mi convinceva che quelle non erano case ma fari di un mare che esiste ancora sopra la terra, perché c'è un'altra realtà che è rimasta sospesa dalle antiche ere quando le acque e la terra erano una sola cosa.

Ma, al di sopra di tutto, esisteva l'àncora.

Con la sua malattia assopita come una febbre dell'adolescenza, appena scaldata dal sole dentro l'erba di una villa: ragazza

[1] *Abbeveratoia*, un canale periferico di Parma.

con le nostalgie e i sogni di mio padre, di quelli che s'infilano anche nei cervelli dei giganti, simili ai raggi nelle grotte preumane.

Andavamo a visitarla senza che nessuno ci chiamasse.

Spostavamo il cancelletto. Entravamo in punta di piedi nella stanza immaginaria dove l'àncora riposava. Mancava che mio padre dicesse: «Buongiorno, àncora».

In questi casi anche in mio padre cantavano le parole, che non sono più parole ma appunto un cantare degli uccelli e del vento quando portano ai cieli un essere umano. Le arie del suo Enrico Conte di Bardi, dopo che il Carra gli ebbe pugnalato il padre Carlo III. Ne usciva come una nube d'oro il battello a vapore battezzato «Aldegonda», *in ossequio alla diletta sposa*, che Enrico aveva spinto in un oblio sempre più remoto, affondando l'àncora nelle acque dell'Arabia, dell'India e della Cina.

Per una ragazza malata nel mondo dei miraggi non ci sono medicine. Si può al massimo vegliarla. Aggiustarle i cuscini e asciugarle il sudore. Perciò scalpello e mazzuolo restavano nella sacca. Le mani di mio padre staccavano semplicemente insetti e fili d'erba. L'àncora tornava tutta bianca e come ravviata in invisibili chiome.

Allora la sollevava. Abbracciando con lei tutte le acque in cui era affondata e quel viaggio più lungo, dal reale all'ignoto, che aveva sognato da combattente dell'ideale: un viaggio come mai uomo aveva fatto, più ancora di Magellano e di Caboto, all'ultimo orizzonte; perché chi aveva scalpellato gli uomini, coi suoi stessi enigmi da primitivo marmista non s'era dimenticato del bestiario, facendoli anche simili ai coccodrilli e alle scimmie; e siccome il bello della vita sta nel cercare, e lui la verità se l'era cercata come il povero d'inverno il suo po' di calore, avrebbe voluto provare come si sta, uomo su uomo, anche con quelli che hanno il naso a proboscide, il collo lungo da giraffa; e parlano col pio delle galline; e amano col mazzuolo di toro che sfonda le muraglie.

E invece addio, inesplorato mistero...

L'àncora la rubarono i *mostradori*, ambulanti di scimmie e calendari. Per una settimana mio padre scomparve. Ritornò trascinando un carretto sul quale un temporale inondava l'àncora bordata d'oro con quel mare alla rovescia che era l'unico che un gran marinaio di terra come lui potesse darle. Aveva uno spacco alla fronte e colpi di pugnale alle braccia. Ma qualche chilometro più in là, le scimmie piangevano sul cranio di un *mostradore* e le variopinte profezie si macchiavano di un sangue non profetizzato.

L'àncora riposò da quel giorno in una stanza di casa nostra. Quando mancava lui, c'ero io a fissarla, pallida al sole delle persiane. S'affacciava alla mia mente il sogno degli altri che in me non sarebbe mai diventato sogno, ma soltanto un chiedersi delle anime semplici, incrinate di quel poco con cui un vetro cede all'urto delle tempeste, in ciò uguale a mia madre. Capivo che la nostra casa perseguitata era anch'essa una nave che stava facendo il suo viaggio, conoscendo più l'uragano che acque serene e solari.

Ma quale viaggio?

Quando mio padre avrebbe gettato l'àncora toccando la terra che cercava? E qual era questa terra che la nostra povera ciurma tanto tribolava per scoprire?

C'erano, grazie a Dio, le altre pietre rosse della Casetta di San Francesco, scrivendone il Petrarca:

«Nel mio ritorno a Parma, avendo trovato una casa, romita e tranquilla, la comperai e in breve tempo la rifeci secondo il mio gusto, così che ancora io stesso me ne meraviglio.»

Forse il luogo non era il medesimo. Ma mio padre insisteva di sì.

Scale e corridoi mi portavano dal fondo il rumore spento dello scalpello.

Anche la voce di mio padre veniva respinta da quella sottospecie di grandezza che nasce di fronte a già provate meraviglie. Sarebbe stato il mio destino: meravigliarmi di chi già si era meravigliato, sognare le cose in quanto sognate dall'uomo. Non sarei stato mai creatore di nulla. Tagliando il rosso delle pietre, il sole diventava nero: le meraviglie che ancora galleggiavano in quel crepuscolo, alzate da un grande spirito defunto, mi spiegavano già allora quale solitudine mi avrebbe accompagnato per sempre.

Avrei potuto udire quelle che sarebbero state le ultime parole di mia moglie:

«Allora resterai solo.»

Lo vedevo apparire dopo avermi inutilmente chiamato, lo scalpello in mano, il grembiule bianco di gesso.

Il sole nero ci divideva con un raggio così denso da sembrare invalicabile.

Mi fissava dall'aldilà, senza attraversarlo.

Non sapeva come aiutarmi. Adesso era lui a non capire.

Sapendo soltanto che chissà perché io gli chiedevo aiuto.

Di nuovo oggi glielo chiedo. Di nuovo lui sembra non capire.

L'àncora dell'«Aldegonda» riposa sempre nella stanza di sopra, ma mio padre la lascia andare in malora, ben sapendo che le vele sono cadute e il braccio di mare in cui sperava di gettarla non apparirà mai ai suoi occhi: ha perso anche la speranza di andarsene paternamente a calcificarsi al sole di qualche isola ignota, inciso sulle sue care pietre come un fossile.

L'àncora ha incrinato il pavimento.

Un giorno o l'altro precipiterà sul tavolo della cucina.

Me la ritroverò per pranzo, dice.

Nessun grande spirito defunto ha provato meraviglie per questi muri, ma a dividerci è lo stesso sole che mi incantava nella Casa Rossa del Petrarca.

Cadendo dal rosso delle viti che ci circondano, diventa nero.

Spiego a mio padre come vorrei la testa di mia moglie sulla sua lapide del cimitero di Parma. Gli descrivo cose che non ha mai udito. Le teste dei cavalieri nell'acropoli ateniese. L'Auriga e Afrodite. I profili di guerriero nel Tempio di Egina. La Kore di Eutidico. Il Gigante ferito di Delfi e la Donna aggredita dal Centauro nel Tempio di Olimpia. Tutta la magia delle Tombe Attiche.

La Donna Velata di Tanagra.

Gli racconto che, un giorno, a un uomo capitò di immergersi in una profondità marina. Aveva capito che anche il suo viaggio non poteva continuare e doveva concludersi laggiù. E nella luce sempre meno raggiungibile – più s'immergeva – gli apparve deposta sul fondo una testa di donna la cui purezza racchiudeva ogni altra descritta.

L'uomo si avvicinava e dimenticava la terra.

Si trovò in una posizione infantile. Anche la sua felicità di non tornare mai più alla superficie era da feto nella placenta. Prima che una mano scendesse a riprenderlo, l'uomo ebbe modo di fissare per un tempo che gli parve infinito la bellissima testa e la sua straordinaria quiete.

Priva dei bulbi oculari.

Era il primo sogno che egli faceva nella sua vita. Solo ora si rendeva conto di non avere mai visto il suo segreto, ma di esserne finalmente visto attraverso quegli occhi dell'aldilà, senza bulbi.

Ecco come vorrei la testa di mia moglie sulla lapide nel cimitero di Parma.

Mio padre mi assicura che proverà. Ma non mi appare convinto. Queste cose, dice, riescono raramente a un marmista ignorante.

Ci lasciamo senza salutarci. L'abbiamo fatto sempre; anche quando venivano a prenderselo gli M.Z. Un modo per non dar peso alle pause, anche lunghissime, dopo le quali ci siamo sempre ritrovati, lui col fare di chi è semplicemente uscito a cercarsi lavoro, io di chi ritorna da una passeggiata.

Perciò mi lascio la porta alle spalle come se fra poco dovessi riaprirla. Eppure entrambi sappiamo che anche questo è un capitolo chiuso e la porta non si aprirà mai più a fargli alzare gli occhi dicendomi senza sorpresa: «Oilà, bello!».

Prendo un sentiero che c'è sempre stato nella nostra vita. Non era mai diventato una strada. Lo prendeva mia madre, per le sue fughe di pochi metri. Io le andavo incontro e la riportavo a casa. Il sentiero durava il tempo di accorgersi che il profumo notturno saliva dalla pianura.

Mi viene in mente un'ultima cosa di quelle a cui si pensa comprendendone soltanto dopo il perché. È il primo bacio tra mio padre e mia madre. Non ricordo chi dei due me l'abbia raccontato. Avviene tra foglie di viti come queste, un giorno perduto nel secolo. Reclutavano ragazze per la raccolta dell'uva e della frutta. Ma le ragazze erano affamate. Così i sorveglianti chiudevano le loro bocche con museruole simili a quelle dei cani.

Le ragazze non potevano mangiare i grappoli d'uva, né le pere, né le mele. E neanche parlare tra loro. Tantomeno lamentarsi. Dalle fessure delle museruole passava solo il respiro. La vergogna sgranava gli occhi sopra le fibbie.

Mio padre era un ragazzo che già combatteva contro le museruole e correva le campagne inseguito dagli M.Z. in divisa da guardia regia.

Si avvicinò alla rete.

E anche mia madre, dalla parte opposta.

A lui, stavolta, non importava la museruola, ma il viso che essa nascondeva; a mia madre importava invece che egli fosse lì per la museruola e non per lei.

Mio padre s'incantò sugli occhi appoggiati con la loro stanchezza alla cinghia che segava la guancia. Ci voleva la sua testa dura per sperare che presto non avrebbero riposato su nessun'altra museruola, comprese le più crudeli perché invisibili, e che tutto avrebbe potuto cambiare se la museruola sembrava persino bella quando mia madre, aspettandolo, si metteva il vestito blu della domenica.

Mentre pensavo al loro bacio attraverso il cuoio, mi sono accorto che nel frattempo il sentiero era divenuto una strada, e questa strada, come tutte di questa periferia, mi avrebbe portato nel cimitero di Parma, dove mia madre riposa.

Ho rimesso l'acqua nel vaso della lapide. Ho cambiato i fiori secchi. Ero in ginocchio. Ci sono presentimenti anche sulle cose che si crede di conoscere. Così ho guardato meglio e ho scoperto la testa di donna, grande quanto una mano, che mi è sembrato di non avere mai visto. Eppure è là da sempre.

Mi fissava dalla sua straordinaria quiete.

Con i suoi occhi senza bulbi.

Un segno l'attraversava: un velo che passava sulle sue labbra marmoree, senza del tutto nasconderle.

XI

Raccolgo nelle valigie gli oggetti di mia moglie: i primi da cui sgombro la casa. Le parrucche, le cinture, le scarpe, le boccette di profumo, le porcellane portacipria con l'intarsio antico, persino le rose e altri fiori seccati nei vasetti che spargeva ovunque, infinite cose di svariata specie.

Non voglio alcun sacrario, in questa casa. Né per me, né per quanto ricordo di lei. Ho trovato mazzi di lettere legati con nastri e nascosti con altrettanta ingenuità. La calligrafia è maschile. Anzi, calligrafie differenti. Non le ho lette. Ho pensato a qualche suo amore. Poi mi sono vergognato. Ho ripensato a qualche suo caro parente.

I vestiti li ho già infilati nelle buste di cellophane.

Questa è una delle operazioni che mi fanno capire più profondamente ciò che mi resta da fare. Trasformare in definitivo il nulla a cui sono arrivato, rendere il più vuoto possibile il mio vuoto. Sto compiendo una serie di gesti che, come questo di far sparire gli oggetti personali di mia moglie, sono riti di sottrazione e di preparazione. Spoglierò la mia esistenza di tutto ciò che ne ha fatto un'esistenza. È semplice. Basta ripetere all'incontrario gli atti con cui l'ho costruita: fino a ridurla al rottame di sé.

Tolta la messinscena, sarà più facile.

I tempi li conosco: liberarsi delle cose, quindi delle energie corporali, infine di quelle spirituali, le ultime. Poi si resta come un pallone pieno d'aria. È il momento indolore. Basterà uno spillo.

Metto in macchina le buste di cellophane e le valigie. Mia moglie aveva inenarrabili amiche, conosciute sulle piume di qualche pappagallo o sotto il cantare di un usignolo ascoltato con orecchio da intenditore alla base di un pioppo. Assomigliano agli gnomi di mio padre. Abitano per lo più in baracche e casolari della periferia, poche in città: dentro vecchi appartamenti da pazze. Trovarle è come stanare i nidi sugli alberi.

Mia moglie sul serio doveva avere le ali. Io ritorno a casa distrutto e infangato dalla testa ai piedi. Tuttavia, una volta stanate, è curioso. Le facce si mostrano dalle porte, nello spioncino l'occhio si fa vitreo e sospettoso, come immagino i volatili dai loro nascondigli. Hanno l'artiglio pronto e anch'esse le loro creature da difendere. Consegno a ciascuna un vestito, qualche oggetto. Dico semplicemente: è morta. Piangono. Mi allontano dai loro singhiozzi che scatenano dentro l'uccelliera un fracasso d'uccelli che piangono all'unisono.

Tanto amore per una creatura scomparsa mi sgomenta.

E mai avrei creduto che queste paludi periferiche, ferocemente indifferenti, fossero capaci di alzare ai cieli così disperate invocazioni.

Oltre che di gabbie, mia moglie si circondava di specchi. Ne ha messi a decine. Di ogni splendore e grandezza. Mi vengono incontro dai corridoi. Mi sorprendono persino dove l'ombra è più fonda. Lei amava anche se stessa: i suoi conti cristiani tornano a tal punto che ora certamente – da moglie volatile qual era – salta qua e là nel suo paradiso delle ali e delle ugole.

Elimino gli specchi.

Oggi più che mai detesto vedermi assalito dalla mia espressione di persona modesta e soddisfatta, che non si fa tante domande e non si stupisce di nulla. La mia faccia sembra là apposta per dirmi che è inutile che ci provi: tanto sono pieno di vita come un putto.

Scopro che è meno banale di quanto pensassi centrare gli specchi sempre più da lontano, con mira via via più perfetta. Anche Minosse si diverte. Quando sbaglio, mi riporta la scarpa o il posacenere. Negli specchi fracassati divento finalmente ciò che devo: mi disarticolo, mi lacero, le orecchie al posto della bocca, il naso al posto delle orecchie. Sono un uomo che non ha più bisogno di proteggersi dalla realtà e dalle offese del mondo; ben vengano, anzi, queste offese. Non sono più una sola cosa con la vita civile, ma un selvaggio.

È dunque questa la solitudine che mi ha profetizzato mia moglie? Non è poi così tremenda. O se lo è, è una tremenda parodia. Lo capisce persino Minosse. Mentre ancora non lo capisce Giulio, che viene ad ascoltare i racconti privi di senso che ora non ho più bisogno di mascherare. Non è che lo cerchi io. È lui che arriva.

Mi dà dei consigli. Vorrebbe aver cura di me.

«Fatti un bagno. Distende.»

Gli rispondo: «Sto nella vasca da bagno per ore. Sono più disteso di un morto».

«Mangia, allora. Anche questo distende.»

«Non ho fame.»

«Trovati una donna.»

È il consiglio che preferisce.

«Magari una puttana.»

«Vorrei trovare mia figlia, se è per questo.»

Una notte andavo in giro per Roma. Mi sono ricordato che c'era qualcuno più solo di me che mi aspettava e allora ho rimediato una cagna e l'ho portata a Minosse. La cagna era un po' zoppa e incrostata di un liquido che brillava nel buio. Però era una bella cagna. L'ho lavata per bene e poi Minosse non l'ha voluta più. Divide la mia sorte in modo esemplare e ha capito che mi avrebbe restituito in solitudine quello che gli offrivo di compagnia.

Perciò s'è infilato tra le mie gambe. E non c'è stato verso.

Calda e remissiva, la cagna aspettava. Si era appostata di fronte a noi e alzava il pelo sui denti. A suo modo sorrideva. C'è voluta una notte per cacciarla fuori. Minosse che l'inseguiva abbaiando, lei che si nascondeva sotto i mobili, io che strisciavo per afferrarla senza farmi mordere. Se non ci servivano le sue grazie, sembrava dirci, almeno la tenessimo al caldo. Povera bestia più disperata di noi, all'alba era là che grattava dietro la porta. Ci implorava ululando dentro il palazzo.

L'hanno liquidata gli inquilini. Uscendo per comprare il giornale, io e Minosse abbiamo visto che una riga di sangue saltava per i gradini.

L'insensatezza è contagiosa. Col passare dei giorni, anche i consigli di Giulio, da inutili, si sono fatti assolutamente astratti. È la fine inevitabile della carità umana.

Viene, mi guarda, mi dice:

«Non devi.»

Non sa nemmeno lui cosa non dovrei.

Perciò non gli chiedo ragione. Mi limito ad obbiettare:

«È una parola.»

Ignoro io stesso quale parola.

«Capisco» fa lui, senza capire un bel niente, neanche perché abbia detto capisco. È la sua tenacia di apostolo mancato che lo spinge ad insistere: «Ma è necessario».

Non lo sfiora – è ovvio – la più pallida idea di cosa sia necessario.

«Necessario, Giulio?»

Senza porsi il problema della risposta, si dichiara d'accordo.

«Hai ragione» risponde. «Scusami.»

Non ha niente di che scusarsi. Anzi. Per venire a trovarmi impiega la pausa dell'ufficio e attraversa Roma nell'ora di punta.

«È la fine inevitabile della carità umana» gli dico.

«Come?»

«Niente. Per fortuna, anche la carità finisce in un modo ridicolo. Altrimenti ci sarebbe da averne paura.»

Ieri gli ho regalato la cartella dove stanno le mie ricerche.

Mi ha chiesto:

«Perché è a me che la consegni?»

«Perché» gli ho risposto «tu sei la fiducia. Tu sei stato un buon amico. Mi hai ascoltato. Hai diviso con me un dolore che non ti apparteneva. E sei stato il primo testimone di questa storia.»

«Ma io non capisco ciò che tu cerchi di dirmi.»

«Anche nel non capirmi, Giulio, ma nell'amarmi ugualmente, sei stato un amico in cui trovavo fiducia.»

Un'altra fortuna è che sono notti che piove quasi sempre. Una pioggia a scrosci capricciosi. Io e Minosse abbiamo almeno qualcosa da ascoltare: Minosse lo trovo sempre con gli occhi aperti su di me, come se non dormisse mai.

«Presto» gli dico. «Torneremo là dove abbiamo cominciato.»

Anche se so che l'unica soluzione della vita è la vita, e non c'è volontà chc la sua, quando vuole, d'arrivare al contrario.

La neve era grande. L'imperatore cacciava fin dall'alba e la brina gli chiudeva gli occhi e gli orecchi. Non distingueva più lo zufolo della guida dal fischiare del vento che colmava la pianura di creste nevose come un mare sotto raffiche radenti. Né più distingueva le casacche scure dei suoi barbari cacciatori dalle ombre volanti delle poiane di posta, degli astori e dei falconi che tenevano alle zampe i campanellini d'argento.

Inseguiva il nulla affondando sempre più e sperava che almeno una preda si alzasse. Ma nemmeno l'occhio d'una volpe brillava sulla neve.

Era la mattina del 18 febbraio 1248.

Quand'ecco le campane della chiesa di San Vittore si alzarono alle sue spalle. Lontane. Eppure la neve cancellò le distanze e furono tutte quante dentro la sua testa, mentre centinaia di prede ora finalmente guizzavano sul candore della terra e del cielo con un ballo derisorio.

L'imperatore cadde faccia avanti e pianse.

I più astuti guerrieri parmensi avevano approfittato della sua caccia infruttuosa pugnalandolo alle spalle.

Parma vinceva.

Ho immaginato la scena andandomene per Roma e rileggendo pagine indimenticabili. Poi le ho chiuse. Ho lasciato la *Cronaca di Salimbene de Adam* su una bancarella di Campo dei Fiori, ma senza che il bancarellaro se ne accorgesse. Ho usato il gesto di quando, ragazzo, ho rubato il libro a un'identica bancarella della mia città. È il primo libro che ho avuto tutto mio. Quelle pagine sono state le prime che ho letto camminando sotto i tigli del viale Maria Luigia.

Mi guardavo indietro allontanandomi.

Appoggiata in un angolo, la copertina rossa ormai scolorita a rosa si faceva remota come i petali schiacciati di un fiore al quale si è legata una cara persona scomparsa. Era talmente parte di me che lasciarla laggiù mi ha dato un grande dolore.

Sto svuotando la casa dei libri.

La casa ne straripava. Mia moglie mi diceva: tieni persino i doppioni, vendili, i tuoi colleghi lo fanno. Ma io non sono mai riuscito a disfarmi nemmeno del più inutile; come chi ha sofferto la fame bada, da ricco, alle briciole, io provavo per tutti quella prima felicità di tornarmene a casa con un libro che profumava di carta stampata. Godevo di questo profumo più ancora che della lettura.

Disfarmi dunque dei libri, riconoscendo via via quelli degli anni giovanili come tornando in un luogo facce di amici macerate dal tempo, ma perfettamente identificabili con realtà vissute, significa percorrere all'incontrario quel po' di strada che mi è stato possibile dentro il sapere. E il sapere è ora uno dei legami più tenaci che mi tengono alla terra.

Per un uomo ignorante dev'essere più facile scomparire.

Ho chiamato diversi M.Z. e ho detto: sono vostri, prendeteveli. Hanno frugato e scelto il meglio, che hanno portato via nelle casse. Per gli altri, hanno detto, torneremo. Ci vuole un camion. Non si sono più fatti vivi. È chiaro che non valgono il costo di un trasporto. Eppure sono quelli che amo di più.

Allora, per molte mattine, sono andato in mezzo ai roghi puzzolenti di Roma e ho bruciato anch'io le mie scorie: ho fissato la fiamma che contorceva, anneriva, divorava. Il fatto di distruggere in qualche modo il genio che non ho avuto mi trasmetteva l'estasi che è la sola, abnorme imitazione della genialità che può provare il mediocre. Ho capito che ogni forma di nazismo nasce laddove l'autodistruzione è in moto: non è che la ripetizione all'esterno di questa autodistruzione.

Poi ho scoperto dalla finestra che il ragazzo del bar si fermava a frugare. Qualche libro s'era salvato e lui lo sottraeva delicatamente al rogo spento. Lo ripuliva dalla cenere e se lo infilava in tasca. È lui che mi porta il vassoio della colazione e della cena. Me lo depone dietro la porta all'ora stabilita, non suona nemmeno, tanto sa che non gli apro.

Prima mi era antipatico, perché arriva dall'ascensore canticchiando canzoni detestabili.

Adesso siamo diventati amici. Nella maniera più assurda. Senza parlarci mai. Senza che lui mi abbia mai visto. Insieme ai vuoti, io gli lascio pile di libri. Guardo dallo spioncino della porta come se li aggiusta sotto il braccio; con che amore li tratta. È questo gesto da nulla che accresce giorno dopo giorno un affetto senz'altra comunicazione che i mucchi legati con lo spago; mentre mi chiedo dove mai finiranno quei libri sui quali ho consumato inutilmente tante notti.

Ho creduto che mi servissero per arrivare a sublimi dialoghi con l'umanità e non servono, invece, che a questo dialogo di pochi metri con un ragazzo che ignora che io sto lì a spiarlo, e che si chiude con lo sbattere della porta dell'ascensore.

Poi viene il giorno che di libri in casa non ce ne sono più. Rimane la loro polvere che scivola dai muri coi mille colori mischiati delle muffe delle copertine. Astratte composizioni che l'aria dissolve: anche la carta stampata ha un suo profumo della morte.

Quando mi aggiro per la prima volta nel vuoto dei libri, si fa all'istante dentro il mio cervello il medesimo vuoto polveroso e senza soluzioni.

È una vertigine. Devo appoggiarmi per non cadere.

Mi libero dei quadri.

Alcuni sono bellissimi. Mia moglie, è comprensibile, prediligeva i tre Chagall: la prova d'artista del Gallo Rosso, con l'uomo che gli vola sulla cresta; un autoritratto col profilo umano tra profili d'animali; e soprattutto il terzo in cui le creature, uomini bestie e piante, si librano sul fondo remoto come d'una galassia.

Mia moglie mi portava davanti al quadro.

«Vedi? La vita.»

Mi spiegava con elementare sapienza cosmologica che tutto avvenne nel buio dell'origine come in qualunque atto d'amore tra un maschio e una femmina.

«I corpi si attraggono reciprocamente imitando le particelle dell'Universo quando nacque. Cominciò con l'autolacerazione della nube primitiva. Cioè il Dio che decise di creare a sua immagine e somiglianza. Le galassie non sono che sperma stellare scagliato da quella nube che è Dio e i cieli non sono che un immenso utero fecondo. Lo stesso accadde per la nostra terra. Anche sopra di essa il Dio nube scagliò il suo sperma gremito di creature. Dando a ciascuna il compito di staccarsi verso la propria strada.»

La bellezza dello Chagall consisteva dunque per lei in qualcosa che non si limitava all'arte pittorica: nell'intuizione del primo atto creativo.

Al posto del quadro c'è ora una pallida nube sul muro.

«Osserva quando ti capita» mi diceva «il pezzo di cielo dove stanno il Toro, l'Unicorno e Orione, concentrati stranamente in un'unica regione celeste. Nei pressi della Via Lattea. È là che i cieli sono ancora fertili e l'uomo può veder nascere le stelle.»

Qualche volta provo a scrutare dove mia moglie mi indicava nelle notti d'estate. E più che mai quegli spazi mi confermano le forme e le ragioni che hanno portato il pittore a concepire il dipinto che io ho lasciato nella galleria insieme agli altri.

Con il gallerista ho stabilito il prezzo. Abbiamo impiegato molte ore per arrivare a un accordo; con un accanimento, da parte mia, che ha sorpreso anche me.

«Sei molto abile» mi ha detto alla fine.

Per la verità sono sempre stato un pessimo affarista. Non sono mai riuscito, con nessuno, a parlare di denaro senza arrossire e cadere in ingenuità colossali. Gli affari li faceva mia moglie. Lei ha comprato la casa e tutto ciò che posseggo. Da dove mi è venuta, dunque, questa inaspettata maestria che è indispensabile a chi manovra il denaro?

Dal gioco.

È un altro aspetto dell'assoluta mancanza di propositi e di mete da raggiungere mentre si continua a vivere fingendo, con gli altri, addirittura un'avidità di tali propositi e mete.

«Cinque e sette.»

«Sette.»

«Cinque e otto.»

«Otto.»

«Cinque e nove.»

«Nove e uno.»

«Ma come?»

«Così. Colpa della tua testardaggine. Peggio per te se insisti.»

Non credevo fosse così divertente questo tic tac.

«Allora ricominciamo da capo.»

«Ricominciamo pure. Io ho tutto il tempo che vuoi.»

Passerò a riscuotere, ho concluso quando il gallerista ha pronunciato l'ultimo va bene e mi saliva la noia: domani forse, o dopodomani. Invece non passerò mai più dall'infernale bottega. Lascerò al mio rivale i quadri e i soldi. Lui mi aspetterà, i primi giorni con la certezza di vedermi tornare; gli altri con qualche dubbio; poi con la speranza di non vedermi apparire più: che qualcosa mi accada, dato che non ho voluto niente di scritto, che muoia.

Appunto.

Quando saprà, sarà felice e certo d'essere stato lui, alla fine, il vero vincitore.

Uscendo dalla galleria a notte alta, l'ho guardata un'ultima volta. Era rimasta una sola lampada accesa sul furore del trafficante. Le immagini sparse dovunque, e create per la luce, sembravano precipitarsi verso quella fonte luminosa per averne tutto il possibile del dorato riflesso dove vagava il fumo delle sigarette.

Soltanto i miei Chagall non partecipavano alla lotta. Se ne stavano in disparte. Eppure più di tutti risplendevano.

Il gallerista ha notato la mia occhiata e ha ceduto:

«Però» ha esclamato «come sono belli. Come li hai avuti?»

Ho ricordato a me stesso:

«Un giorno, in mezzo agli ulivi di Saint Paul de Vence, a due passi dal mare della Provenza, che s'indovina per un'azzurrità più diffusa, un magico controluce alle case...»

Mi sono interrotto.

La città non mandava suono. Il terzo dei miei Chagall posava su un piedistallo simile all'ara della mia città sepolta. È stato un momento di silenzio stupendo, con gli occhi dell'affarista incantati nei miei.

«... Chagall mi è venuto incontro. Dalla larga casacca nera, teneva sospese due mani piccole, da bambino, per lasciarle asciugare all'aria, sporche del suo divino colore blu.»

Ma il gioco può anche essere condotto al contrario.

È ugualmente divertente. Anzi, di più.

Mi sto privando dei mobili e degli oggetti. Sono venuti parecchi M.Z. ed è nata una lotta per i pezzi più pregiati: la Bussola veneziana lumeggiata in oro; il bureau-trumeau in noce e radica e l'altro in bois de rose; il tavolo e l'orologio in stile Boulle; il frammento con specchiera di una boiserie siciliana Luigi XV; la Bergère Luigi XVI e i due armadi rinascimentali. Tralasciando i cristalli di Boemia, gli scrigni in avorio e le arpe diatoniche italiane, in legno dorato, che a volte mia moglie suonava.

Ho eletto colui che più di ogni altro mi sembrava M.Z.

Dapprima è venuto ad annusare. Analizzava gli oggetti senza apparente interesse. Era il suo modo. Un vero M.Z. è così: una faina che si nasconde sotto un muso furbescamente antropomorfo e concilianti sembianze, con camicie di seta dai colori incredibili, gialle, viola, nere; niente affatto smanioso di discutere come il gallerista. Brutto pesce, mi sono detto con gioia.

Si è acceso d'improvviso amore per il trumeau in bois de rose. Lo accarezza con il pretesto di toglierne la polvere. Vi appoggia l'orecchio come su una cassa armonica, sempre fingendo impassibilità.

Ma oggi ha esclamato:

«Splendido. Davvero superbo.»

Guardavo altrove e ho finto di non aver udito. La sua voce è tornata incolore. «Buono» ha corretto.

Mi spiega il piacere del tatto su oggetti quale il trumeau in bois de rose: morbido come un adolescente, curvilineo e intatto come una vergine, remissivo e splendente come una schiava. Vorrebbe starci dentro – ammette – rannicchiato da cacciatore in una botte da palude. Essere una cosa chiusa in uno dei suoi cassetti. Respirarne il profumo del legno pari, secondo lui, all'aria balsamica di un mattino di montagna. Subire il rumore del tarlo come si ascolta il tuono.

«Capisco» dico. Anche per il fatto che è tondo, idropico, morbido, curvilineo, seppure non remissivo e intatto; e s'appoggia ai muri temendo chissà quale mio agguato alle spalle. La sua testa trasuda sensoriale avidità; sulle sue labbra le parole assumono il sapore degli oggetti di cui parla, e questo sapore diventa saliva; persino la sua voce acquista il suono roco di quanto nella vita è godibile, quando ne capta i godimenti come un rabdomante.

«Ah, les objets!» esclama. «Essi cominciano laddove il pensiero finisce. Sono la continuazione del pensiero. Ecco perché mi seducono.»

E ancora:

«È questo il momento. Quando un oggetto è un oggetto. Tutto nella sua purezza. Come una donna è una donna. Prima che li si avveleni attribuendogli un prezzo. Allora una donna diventa una meretrice.»

«D'accordo. Fermiamoci a questo momento.»

«Già» sorride da furbo. «Ma io lo voglio.»

È un M.Z. scenico. Conosce le pause, gli slarghi e le scene madri. Si muove sulla scena con la rapidità ammaestrata di un animale da circo.

«Un giorno arriverò a Dio e gli dirò: nella mia vita ho molto amato, o Signore. Gli oggetti, appunto. Non sono anch'essi creature? Le più innocenti? Come in questo caso, le più belle? Nel cercarli e nell'amarli io sono stato puro.»

Scruta sotto il mobile. Le suole delle sue scarpe sembrano le zampe di Minosse quando brontola, laggiù, con i medesimi fantasmi.

«Pretendo il massimo» dichiaro.

L'M.Z. finge di rinunciare.

213

«Io il massimo non glielo posso dare.» Guarda il trumeau in bois de rose con occhi pieni di rimpianto: «Peccato... A parte che il massimo non me l'ha detto».

«Glielo dico, se vuole.»

«Avanti.» Non ha il coraggio di guardarmi.

«Il massimo dei massimi.»

Faccio una pausa, il tic tac va esasperato. Gusto anch'io in una parola, e nella possibilità di renderla concreta, l'essenza astratta ma crudele da cui nasce:

«Nulla!»

Ovviamente mi guarda sbalordito come se gli avessi chiesto una cifra astronomica. Stiamo a ribatterci questa parola come una palla.

«Nulla?»

«Per me è il nulla, il massimo dei massimi.»

È anche ovvio che mi dia del pazzo o che mi chieda se lo sto prendendo in giro.

«Sì» gli dico. «Forse sono pazzo. Ma ho rispetto di lei. Perché appartiene alla razza di coloro che hanno deciso e sempre ottenuto di portarmi via qualcosa di caro dalla mia vita. Diciamo che di lei, un tempo, avrei avuto disprezzo. Adesso un'odiosa ammirazione. Se vedessi un drago proverei gli stessi sentimenti. L'orrore di un drago ha un suo fascino, molti bei colori, molti aculei. Un drago non sa di essere un drago e quando si specchia in una pozza d'acqua è logico che goda di sé. Sono arrivato a capire questo fascino.»

Ho dovuto firmare numerose carte. È difficile dimostrare che sono nostre le cose di cui siamo padroni e che diamo per nulla. Sono quasi riuscito a convincerli che non sono un ladro. Ma non hanno trovato un convincente perché al mio *nulla*.

«Un perché» mi supplicava l'M.Z. «Mi dia un perché.»

Finalmente si è portato via tutto quanto. Mentre gli operai smontavano e facevano sparire, il suo sguardo correva da me ai mobili. Soffriva. Si aspettava che gli dicessi, da un momento all'altro: alt, indietro, ho scherzato. Solo quando il mobile se ne andava per le scale sulle spalle dei portatori, sospirava di sollievo.

«Non c'è più!» esclamava con un sorriso cretino e battendo le mani, come si fa con i bambini.

Gli rispondevo tranquillo:

«Lo vedo.»

Quando il soggiorno è apparso bianco e nudo, e tutta la casa vuota, con altri pallori a nube geroglifica al posto dei mobili, ho scoperto che un giudizio definitivo sugli uomini è impossibile. Dall'M.Z. è nata un'improvvisa grandezza. Ci siamo guardati al centro del vuoto. Era come se una montagna di fantasmi gli si rovesciasse addosso e lui tentasse di sfuggirli. Le sue mani sfioravano le impronte lasciate qua e là.

«Toccare il nulla mi fa ribrezzo» ripeteva. «È un gelo da serpente.»

Cercava di scuotermi.

«Mi ascolti. Lei è in errore, caro amico. Lei nasconde la sua profondità in un posto sbagliato. La profondità va nascosta, sa dove? Alla superficie. Io adoro persino gli orologi rotti, le sedie senza gambe. Come fa ad amare questa torbida esasperazione che lascia solo ombre e freddo?»

Continuava a parlarmi del calore che danno gli oggetti, divino calore con cui la vita conforta; improvvisamente è venuto da me, e quasi si è genuflesso. Mi tendeva le mani. Non ho capito se era un atto d'amicizia oppure la richiesta muta che io gliele prendessi e gliele scaldassi dal gelo per lui terrificante del nulla.

Gliele ho prese. Allora, con mia gioia e suo ribrezzo, abbiamo scoperto che anche le mie mani hanno lo stesso freddo pieno di rimpianto e di assenza degli ectoplasmi sui muri.

Nei giorni successivi mi ha telefonato.

«Tutto bene?»

«Benissimo.»

«I mobili sono qui. Sono suoi, se li rivuole.»

«Stia tranquillo. Può benissimo tenerseli.»

Capivo che non per i mobili mi telefonava. Ma – pur essendo un M.Z. – per una paradossale pietà e per ridurre, sia pure un momento, il vuoto che mi circonda e di cui udiva l'eco nel telefono. Era come se lo vedessi: abbassare il ricevitore e correre a scaldarsi le mani sul legno del trumeau in bois de rose. Forse non lo venderà mai. Talmente è simbolo della sua felicità di cosa tra le cose che esistono.

Ha concluso l'ultima telefonata dicendomi:

«Addio, amico. Non sono riuscito a conoscerla. Ma le auguro...»

Ha cercato di finire. Non ha trovato le parole.

«Grazie» gli ho detto.

Ho dato addio ai miei allievi. Senza che loro lo sappiano.

Non facevo lezione da tempo. Ho parlato del viaggio di Telemaco a Pilo: di come Nestore lo ricevette dandogli notizia del padre. Si alzò l'alba e la festa dell'addio ebbe inizio; uno dei figli di Nestore fu mandato alla nave di Telemaco per invitare i marinai, un altro nella pianura a prendere un bue. Le corna del bue furono cosparse d'oro e seguì il sacrificio.

L'arbitraria commozione con cui descrivevo lo smarrimento di Telemaco nel suo approssimarsi alla verità, s'inventava dettagli su quell'alba mistica. Ma allontanandomi dal tema della lezione e fantasticando su prati vigne e colline coi bagliori del sole nelle armi, mi accorgevo che tutti quei ragazzi s'allontanavano con me dalla realtà dietro i fantasmi della mia mente.

Ho sempre tenuto le mie lezioni con autoironia. Qualche volta mi vergognavo di richiamare l'attenzione sulle mie notizie e scoperte: vedevo mia figlia moltiplicarsi nei banchi con le sue annoiate lontananze da ciò che sono e dico. Tracciavo sulla lavagna la scrittura dell'età micenea e mi sembrava che anche tra quei segni e gli occhi soprattutto delle allieve, pieni dei segreti della loro giovinezza, corresse il mio essere condannato al vuoto.

Il gesso mi si fermava nella mano.

Come ho potuto – mi chiedevo – senza sentirmi anch'io uno di questi segni raggelati dai secoli, aver consumato gli anni migliori, sacrificato amori e momenti felici, trascurato mia moglie e mia figlia, passato notti insonni facendomi bruciare gli occhi da una lampada, per gli ideogrammi della Lineare B o per dimostrare che certi testi parlano dei manufatti degli artigiani minoici; degli dei, luoghi e festività della religione micenea?

Mi dicevo: è vita vera la loro! Bei ragazzi e belle ragazze che conoscono vere feste vissute e magari un Dio vero. Che diritto ho di insidiarli con le mie divinità infantili e i capricci di un pezzo di gesso? Che presunzione. Spesso interrompevo la lezione. Me ne andavo. O stavo col gesso bloccato sulla lavagna, voltando le spalle per non mostrare che arrossivo.

Invece oggi, dopo il preambolo dell'addio di Nestore a Telemaco e la simbologia del viaggio come conquista della verità, ho parlato delle tavolette di Pilo senza che la mia commozione venisse meno. Dovevo raccontare come esse furono scoperte in una stanza di pochi metri, sparse sul pavimento davanti a una panca di pietra. Ma la luce verde che cadeva dal parco mi appariva gremita di visioni concrete in cui la giovinezza, l'amicizia e l'amore, qua e là esistenti tra i giovani che ugualmente gremivano l'aula, trasmettevano alle mie parole quel calore dell'addio che non dà importanza a ciò che è una parola: la parola può avere qualunque significato, anche il nulla, l'importante è che un uomo vi affidi il suo dolore, la sua felicità irrecuperabile, il desiderio di ciò che avrebbe voluto essere e il chiedere scusa per quanto di meglio avrebbe potuto fare.

Erano venuti in gran numero, come non mai.

Così ho detto dell'operaio che raccolse la prima tavoletta e la pulì con la mano, annullando quasi completamente con un solo colpo la scritta che aveva durato sulla creta più di tremila anni. Ciò che rimase del testo parlava di poveri rematori verso un porto di cui ignoravano il nome.

Nella tavoletta, fatta della materia più misera e fragile, c'era il mio essere nato. Nel suo resistere alla storia, c'era la mia ostinazione a sopravvivere. Nel gesto di chi, credendo di scoprirla, la cancellava, c'era la stolta sollecitudine di quanti, pensando di farmi nascere alla loro verità che è invece volgarità e ignoranza, mi avevano denigrato.

Improvvisamente, tornando presente e alzando lo sguardo, mi sono accorto che il silenzio era assoluto e che gli occhi di una ragazza della prima fila mi offrivano una sintonia nonostante il suo essere molto giovane e molto bella.

È scoppiato un applauso.

Me ne sono andato dalla cattedra, in quel battimani, da vecchio attore che solo invecchiando ha capito che la verità della scena è misura e dramma che gli appartiene.

La ragazza mi ha fatto un sorriso. Un cenno, credo. Nel modo in cui l'istinto semplificatore di una donna, quando vuole, trasforma l'imprevisto nel necessario. Non l'avevo mai notata prima. Mi sono fermato nel corridoio con dei colleghi e guardavo sfollare i miei allievi. La sua mano mi è apparsa all'altezza degli occhi. Me la offriva per complimentarsi o semplicemente per mostrarmela. L'ho guardata senza espressione, lei mi ha guardato di rimando, con la malinconia androgina che avevo descritto in Telemaco mentre fissava un orizzonte che sapeva irraggiungibile. Eppure concreto e da tentare.

«Grazie» mi ha detto.

La mano l'ho lasciata nel vuoto e si è ritratta con un pudore avvilito. Perché non l'ho presa, non gliel'ho stretta?

Ho sempre approfittato di molto meno per entrare nella vita di una donna, più per la curiosità di entrarci che per possederla; anche la mia sessualità più felice è consistita nell'introdurmi come attraverso porte mai aperte, in case sconosciute di cui imparavo la strategia delle stanze, degli oggetti, il modo in cui dalle finestre cade la luce, i tic di un rubinetto che perde o di una persiana che sbatte.

Eppure non ho approfittato né dell'ammirazione né del turbamento della ragazza.

Era la prima occasione che la mia avidità sensoriale volutamente perdeva.

Nonostante la ragazza raffigurasse il piacere che ha la realtà di lasciarsi a volte catturare. Alta, molto abbronzata, il corpo ambiguo e intimo, il camminare un po' trasandato in attesa d'essere raggiunta. Ha tentato di accendersi una sigaretta, e non ci riusciva a causa del vento, ma intenzionalmente. Non l'ho aiutata.

Ho lasciato che si allontanasse per il corridoio e poi per le strade. L'ho seguita, facendo in modo che se ne accorgesse. A

Parma, le prime volte, seguivo così le ragazze, senza il coraggio di avvicinarle, limitandomi a insinuare in loro la mia immagine con l'illusione che nei giorni dopo la conoscenza visiva mi avrebbe facilitato.

Lei si fermava alle vetrine contando che la nostra distanza si riducesse. Invece anch'io mi fermavo. Restava quello spazio pieno di folla da cui vedevo spuntare la sua testa vagante nel sole di un giorno così chiaro d'ottobre.

Doveva essere una ragazza coi pensieri di chi è orfano di qualcosa. La gente la urtava. Lei si lasciava urtare. Bisognosa di un contatto anche volgare. Forse erano le mie parole che ancora le suonavano all'orecchio; mentre il mio piacere era puramente questo: lasciar morire a poco a poco l'occasione come un convoglio s'allontana. Le mie parole, ho pensato, sono un contagio, se quella bella testa è per causa mia che sembra infelice e non vedere niente intorno.

Si è girata. Completamente di faccia. Fissandomi con grande intensità. Mi supplicava di avvicinarla. Ma per me non faceva alcuna differenza: lei o gli alberi dorati ai lati della strada o i colori delle case. Erano molte creature insieme nella medesima posizione che mi invitavano ancora una volta a servirmi della loro bellezza. Ma io ripetevo: non posso più raggiungervi, distoglietevi da me. Cercate di non accorgervi più che io esisto; non datemi mai più nemmeno questa illusione che potrei ricominciare. È un gioco finito, tra noi.

È entrata in una casa.

Scoprivo che l'inseguimento mi aveva allontanato in una periferia desolata. Anch'io sono entrato nella casa. Nel corridoio un profumo. L'ho seguito su per la scala buia di cui vedevo avvolgersi la ringhiera di ferro per molti piani. Ma salendo ho creduto che non potesse essere il suo perché continuava oltre l'ultima porta e proseguiva in una terrazza che si apriva sul vuoto.

Ho fissato il vuoto.

L'altezza era vertiginosa. Sotto di me una zona deserta di Stazione Termini. Coi vagoni sui binari morti.

L'occasione, mi sono detto, è davvero perduta.

Quando un alito mi è corso per la nuca. Subito ho capito che il suo corpo era alle mie spalle. Che quello era il suo fiato. E quello il suo profumo.

Non mi sono girato.

Ho provato un terrore, non più mentale, fisico. Come se la mano che si era profilata dapprima sul banco dell'aula e poi alzata ai miei occhi stesse per appoggiarsi alla mia schiena spingendomi oltre il basso parapetto.

La mano, infatti, si è appoggiata.

L'ho sentita con un suo calore sulla stoffa della giacca.

Mi rendevo conto di piegarmi in avanti nella misura di leggerezza con cui mi spingeva. La mia testa era già oltre il parapetto. Tutto il mio corpo ormai più dentro il vuoto che non nella terrazza. Non riuscivo a capire per quale ragione già non stessi precipitando, dal momento che la spinta della mano si faceva irresistibile, e io avevo entrambe le braccia staccate dal parapetto, e volevo volare giù, lo volevo con tutte le mie forze, e dentro di me supplicavo la mano d'essere ancora più energica e crudele.

Cos'era a farmi procedere senza paura lungo quell'istante definitivo che si dilatava mostrandomi ora il termine come un muro a una macchina che vi corre incontro? Un muro fatto di binari morti, di vagoni senza viaggiatori, di un orizzonte che alzava fischi di treni?

Aiutami, ho detto.

Mai il muro è stato tanto vicino.

Lo sentivo negli spacchi feroci del naso, della fronte, del mento, con quel sentire un attimo prima lo schianto.

Quando la mano si è ritratta.

Allora mi sono visto.

Stavo oltre il parapetto. Ma aggrappato, da buffone; nella posizione del feto che disperatamente si attacca alla sua placenta e non vuol uscire dal ventre.

La ragazza non c'era più. Ma doveva essere scomparsa da un attimo. Il suono dei suoi passi correva per le scale.

Sono ridisceso anch'io.

Non ce la farò mai, mi sono detto, mai. Se non sono riuscito stavolta a toccare quel muro che era proprio là che sfiorava tutto me stesso.

XII

Invece ogni cosa ha seguito la legge della sua necessità.

Come volevo e doveva essere.

Dei giorni che ne hanno preceduto il ritorno, mi dicevo: sono gli ultimi, questi. Nessuno mai più in questa casa. Anche le finestre: chiuse come le porte. Soltanto un po' di sole nel corridoio, che mi aiutava a orientarmi dall'una all'altra delle camere dove passavo le ore a fissarmi nello zero della luce.

Seguivo il regredire delle mie energie fisiche nel progredire del silenzio.

Io nel mio buio, gli uccelli di mia moglie in alto nelle gabbie, facevamo strada comune. Anche gli uccelli non toccavano più cibo; e non ne provavo rimorso, come non ne provavo per me, perché erano parte di me. Ascoltavo il loro morire di fame semplicemente nello spegnersi del loro canto. I segnali canori s'impennavano, scendevano a precipizio, e poi stavano assenti con pause sempre maggiori, per tornare con un tocco di gole disperate; se contemporaneamente il mio cervello si fosse registrato in un elettroencefalogramma, gli impulsi non sarebbero risultati differenti.

Non nel gaudio francescano, ma nell'opposto ci si scopriva fratelli; essendoci lontana la rabbiosa autoconservazione che vedevo invece esplodere in Minosse.

Ho ascoltato fino all'ultimo cinguettare. Poi, un mattino, non è disceso che assoluto silenzio. Ho capito che erano tutti morti, nella maniera tranquilla di un canto che muore. Sono salito a vedere. Contro la doratura delle veneziane abbassate, quel grande strumento che per mia moglie erano le gabbie in fila, e da cui lei aveva tratto le musiche più belle, si delineava spezzato e con i tasti caduti. Le gabbie dondolavano ancora degli ultimi voli e le zampe stecchite ne graffiavano le sbarre. Dalle ali penzolanti dei verzellini e delle rondini marine si alzavano le penne, ma era il vento.

Non ho visto nessuna traccia di frenesia a sopravvivere.

Sono tornato ad accucciarmi accanto a Minosse. Ho pensato: se anch'io riuscissi a trasformare il mio non mangiare in un tale potere sereno verso il silenzio. Tanto profondo, ormai, che riuscivo persino a non udire le automobili della strada. Solo lo scricchiolìo di qualche crepa, la notte, col cambiare del tempo; i muri rabbrividivano, ma passava subito.

A questo punto è avvenuto il ritorno.

Non ho capito se fosse giorno o notte. M'ero addormentato e, svegliandomi, ovviamente non ho trovato che il buio.

Rumori alla porta. Una chiave che stentava. Come se la muovesse una mano inesperta. Ho immaginato la sorpresa di un ladro dentro il vuoto pneumatico. L'intruso è entrato. Ha cercato di accendere le luci. Senza sapere che io avevo strappato tutti i fili, per non avere nemmeno la tentazione della luce artificiale. Si è aggirato. Anche Minosse, che un tempo abbaiava a ogni mossa di vento, tratteneva il fiato. Prima ancora che aprisse la finestra e la luce inondasse il soggiorno, ho capito che era lei, venuta a cercare una delle sue cose che non esistono più.

Il suo profumo carico bastava a delinearne la figura e l'ho riconosciuto precedendo il drizzarsi delle orecchie di Minosse: il non vedere che mi ero imposto mi consentiva, infatti, una grande rapidità percettiva. Poi la finestra si è aperta. Mi ha scoperto sdraiato per terra a fianco del cane, ma senza sorprendersi. Gli avvenimenti da M.Z. a cui assiste devono avere spinto la sua impotenza a meravigliarsi oltre i limiti di queste apparizioni che pure sono umane.

Ma ero certo che, per la prima volta nella sua vita, registrava l'unico fenomeno per lei inconcepibile nella misura in cui mi sono inconcepibili i suoi fenomeni: l'essere immessa, corporalmente, al centro del vuoto. Lo ha fatto con l'occhio raggelato di un abitatore dei suoi abissi marini. È impallidita, ma per una reazione epidermica. Apriva la bocca. Ma non ne usciva suono. Allora ha girato su se stessa. Era chiaro. Ormai conosco talmente bene gli M.Z. che potevo prevedere le sue mosse, come questa di riguadagnare la porta. In casi del genere gli M.Z. sono vili. Ma benché l'avessi calcolata nel fantasticare sul suo probabile ritorno, questa vigliaccheria mi scatenava un furore che non avrei voluto, perché avrei preferito l'assenza: come se non esistesse.

«No» le ho detto. «Non hai sbagliato casa. E non stai avendo un incubo. Questa è proprio la tua casa.»

Sapevo anche che la mia voce le avrebbe restituito la sicurezza autoritaria che tutela gli M.Z. La bellezza degli M.Z. l'ho sempre vista truce e perfetta come le divise degli sterminatori: di qualunque esercito ed epoca storica. Badare al dettaglio è un tic di quel perfezionismo senza il quale non può esserci sterminio.

In questo senso, lei ha fatto passi da gigante.

Più magra degli ultimi tempi. I capelli ora color rame, troppo ben pettinati. Le labbra dove la solita sfrontatezza da avvoltoio grida se stessa, nonostante il trucco cerchi di mascherarla. Un giubbotto pieno di seno. Una cintura con una borchia. Calzoni neri e attillati. Stivaletti pure neri. Una frescura di pelle che mi arrivava col potere di trasmettere i profumi del freddo che ha la pelle dei bambini.

La luce accecava i miei occhi non più abituati.

Ma continuavo a vedere ciò che mi aspettavo. Ora mi avrebbe fissato. Intensamente. E infatti. Senza alcun interesse per me. Solo perché gli M.Z. sono di una curiosità blasfema. Mancava il sorriso denigratorio verso le vittime. Ma la curiosità si muoveva con tempi da manuale, con natiche snelle e potenti sulle gambe lunghe; davvero perfetto il credo nell'uniforme di questo sarto da ufficiale nazista.

È scomparsa nelle stanze. Ne seguivo le reazioni nel battere dei tacchi. Dentro la sua camera ha inciampato in un barattolo vuoto, l'unica cosa rimasta. Il barattolo andava da una parete all'altra. È riapparsa. Ora si sarebbe messa di fronte a me e da

M.Z. quando impongono il loro disprezzo sul dolore altrui, mi avrebbe detto:

«Ero venuta a prendere la mia roba!»

Infatti ha preso posizione. Mi ha detto:

«Ero venuta a prendere la mia roba!»

Cresceva il mio odio integrale, senza più i cedimenti delle altre occasioni, e diventava pari al disinteresse per l'uomo che sono, e che è stato rispettoso del prossimo fino alla codardia. Non ho mai alzato le mani per aggredire, solo qualche volta per difendermi.

Anch'io la fissavo. Ho raggiunto, grazie a Dio, la sua stessa freddezza nell'usare gli occhi.

«Ti ho chiesto dov'è finita la mia roba!» ha ripetuto.

Allora le ho detto:

«Tua madre è morta.»

Ha risposto con un semplice suono, così immediato che non poteva essere una qualunque reazione interiore, ma un riflesso della sua aridità automatica; un «ah» o un «oh» o un «eh» interrogativo. Non ho avuto modo di capirlo esattamente perché ero già su di lei. Con la forza che mi restava. Le ho strappato la cinghia e l'ho colpita anche con quella.

Era la violenza solo nervi di chi è incapace di violenza. Perciò le forze fuggivano come se la lotta avvenisse in uno dei suoi mondi subacquei. Intanto mi accorgevo che, dopo le prime istintive difese, lei non si difendeva più; anzi, cercava i colpi con sottomissione. Si offriva affinché la spingessi a terra, contro la parete, la sollevassi per spingerla a terra di nuovo.

«È finita» ripetevo. Ma senza più convinzione.

E non capivo cosa stesse accadendo. A lei, a me.

Perché mi abbracciava le gambe? E mentre le affondavo nella nuca accostava la faccia come per un addio cristiano? E mentre colpivo con la cinghia la sua schiena, senza che le sue mani si alzassero a proteggerla, tendendosi invece docilmente sopra il pavimento, i calzoni non più tenuti che si abbassavano, mi prendeva di sorpresa girando su di sé, anche lei afferrandomi, toccandomi, sempre più verso il mio volto, non per restituirmi la violenza che stava subendo, ma per ritrovarsi contro la mia bocca, ancora con un bacio cristiano?

Le braccia mi sono cadute. Con uno stupore non so se doloroso o felice. Capivo perfettamente che continuare sarebbe servito al contrario. La sua deformazione a schiava degli M.Z. le faceva ritrovare nella mia violenza il piacere d'essermi figlia che aveva perduto nella cura che ne avevo avuto da padre. E anche in me, ormai incapace di disgusto, questo piacere mutava il contatto fisico, e saliva col salire delle sue mani, che vedevo, senza impedirlo, come se fossi oggetto di venerazione, ero un idolo, anch'io un M.Z., perché assistevo con freddezza al trasformarsi di quella lotta: ogni nuovo gesto sarebbe stato un pretesto abbietto.

Ci guardavamo, aspettando di riprendere forza.

Era il momento delle grandi scelte fulminee, che solo a mente fredda si valuta nella sua equidistanza tra decisioni opposte.

Dovevo scegliere.

Mentre abbassava la testa e aspettava, finalmente provocata da qualcosa di me: vedevo benissimo, sul fondale, l'essere anfibio piegato sul fianco, perché l'arpione aveva colpito nel segno in mezzo alle giravolte della sua denigrazione.

Scegliere tra un osceno che ci avrebbe consentito di parlare tra noi, dopo un così lungo silenzio, con le uniche parole per lei possibili, e una pietà paterna che era la soluzione più vile. È cominciato da qui: questo sogno definitivo che avevo inseguito persino nell'assurdo, e ora nasceva come un grido che mi impediva di udire le parole della scelta che avrei dovuto dirmi, come accadeva a mia madre nella sua camera d'ospedale, quando da lei si alzava quella sua seconda voce sotto la quale poi serenamente ritrovava se stessa, continuando il grido fuori di lei, diventando come un oggetto nelle mani dei medici e degli infermieri, non più un momento del suo dolore.

Sono rimasto addossato alla parete. E lei addossata a me.

L'aggressione della realtà a ciò che ne è imitazione, e viceversa, che aveva cominciato a darmi segni dal giorno della mia città dentro il mare di Delo, era al suo massimo potere: e mentre alla realtà ero sempre tornato, sia pure con una fatica dolorosa, ormai non potevo più tornarci.

Che decidesse per me il movimento automatico delle cose.

Senza da parte mia agire che con domande, a cui nemmeno m'importava rispondere.

Stavo davvero scegliendo? Ma quale delle soluzioni?

Davvero la spingevo fuori? E chiudevo la porta dietro di me? E sapevo che stava al di là della porta, aspettando ancora, eppure riuscivo a non aprire?

Sì, mi ripetevo: ciascuna di queste azioni è vera.

... ma altrettanto vero è che l'ascensore non si è mai allontanato e io non ho mai chiuso la porta su di lei. Dalla fessura di una finestra di nuovo quel raggio che attraversa l'ombra senza il potere di rischiarare nulla e cade a sfiorarmi dove, sul pavimento, torno a stringermi a Minosse.

È venuta. A visitarmi. E non se ne andrà finché la visita non sarà compiuta. È la sua Annunciazione.

Io la riconosco.

In questo momento della fine essa si ripete esattamente da un giorno in cui invece la mia vita comincia. Come se d'improvviso non fossi io il padre, ma chi da laggiù mi guarda: con la stessa figura che credo di mia figlia ferma contro la parete di fondo, che il raggio dissolve per poi lasciarla defilata dietro di sé.

L'Annunciazione più serena che io abbia avuto.

Nella mia casa di Parma.

Un crescendo di quelle mie musiche immaginarie mi spinge ad uscire dalla cucina deserta. Mi affaccio al campo. Mi trovo avvolto – come adesso dal buio – da una nebbia che assorbe i filari dei salici. Guardo la riva del canale, dove più che altrove il fogliame si lascia penetrare dalla nube bianca, e qualcosa silenziosamente si affaccia. Sembra un uomo che si profili nel modo in cui mia figlia un istante fa si è stagliata nella parete.

Aspetto, prima di muovere un passo. E anche l'ombra, da parte sua, ha un'esitazione. Si appoggia con una mano al tronco di un albero. Scompare.

È strano che qualcuno si aggiri in una sera simile e pur avendo la speranza che possa essere mio padre, ritornato a casa dopo i mesi della prigione, penso che sia un animale che il pantano nebbioso abbia spinto a smarrirsi: o più semplicemente l'illusione che altre volte mi conduce laggiù e quando arrivo non ne resta nell'aria che un mucchietto di foglie o di piume.

Anche in questo momento, lo so bene, potrei alzarmi e raggiungere la parete scoprendo che nient'altro esiste se non l'impronta di un mobile portato via.

Ma il vento dirada la nebbia e gli occhi ritornano a fissarmi, trapassano con il loro nero la distanza che ci divide. Per cui comincio a procedere. Come ora. Sono costretto ad allungare le mani per decifrare le cose che incontro, mi perdo, riguadagno il sentiero, mi accorgo di calpestare il punto dove Solennità è stato ucciso.

Ugualmente sto avanzando a tentoni nel buio.

Si succedono le siepi, le cortecce, e poi quel ritornare di un attimo di luce dove spingendo le mani ho l'impressione di toccare la testa dentro la sciarpa, con la rasatura a zero, la valigia di fibra che pende contro il ginocchio.

Non ho più dubbi. L'uomo appoggiato all'albero è mio padre.

Vorrei chiamarlo con un grido.

Non riesco che a chiedergli:

«Sei tu?»

Ma a voce così bassa che non può udirmi.

L'uomo rompe il silenzio con un suono secco, che lo scuote.

«Rispondimi.»

Si limita a tossire, lascia che mi orienti con quella tosse da galera con cui si fa riconoscere. E la stessa spina che lacera la gola è in questo ridere di mia figlia, qualcosa di contratto, senza felicità e senza neanche gioco.

Ho paura che la nebbia ritorni, mi respinga.

«Sono qui» grido. «Vienimi incontro.»

E finalmente ci sono. Tutto acquista vita sotto le mie mani che si aggirano nel cappotto macerato dalla pioggia, come ora nel giubbotto riconoscendo la grande fibbia della cintura, e un odore di indumenti tenuti addosso da molto tempo mi investe, come ora questo profumo. Lo posso vedere, sopra di me, troppo stanco per parlare, il volto sereno ma con una pace stremata negli occhi e i segni di una prolungata persecuzione.

Una cosa li accomuna.

Entrambi si sono appena sottratti alla prigionia dei loro M.Z.

Con meraviglia porto la mano sopra il suo cranio rasato.

Questi invece sono capelli talmente fluenti che mi riesce difficile trovare l'orecchio, la nuca.

Il suo braccio si impadronisce a poco a poco del mio corpo.

Questo rimane immobile.

Ma le due teste hanno lo stesso gesto di accostarsi alla mia.

Con forza e pudore conducevo mio padre dentro la casa e ora mia figlia a sedere con me e Minosse sopra il pavimento.

Mio padre disponeva nel tavolo della cucina gli gnomi di legno che aveva intagliato dentro le celle contando un giorno di portarmeli e, come se fino a quell'istante molte persone fossero rimaste nascoste, ecco un'animazione intorno; ma lui diceva: lasciatemi qui un momento, fingete che non ci sia ancora. Riacquistava il senso del luogo defilandosi dalla nostra felicità, ma essendone al centro; si rovesciava indietro con la seggiola e appoggiato al muro guardava: ogni cosa, ogni luce, e il viso si contraeva nello sforzo di ricollocarle nel suo campo visivo.

Un'allegria che aveva l'aspetto del dolore.

«Adesso» diceva. «Adesso arrivo tra voi.»

Ma cadeva in un sonno profondo.

Le donne lo toccavano come Minosse passa la lingua su quella mano bianca che s'abbandona sul pavimento.

... e le dico, come a lui quando riapriva gli occhi, potendoci finalmente guardare senza più curiosità né da parte mia né da parte sua, nella dimensione qualunque che dà esatti contorni al tempo rimasto una pianta secca:

«Non inseguire più niente e nessuno. Non devi più andartene da qui.»

Perché questa casa è come tutti i luoghi necessari in cui mi portava per ritrovarsi più profondamente padre.

Questa casa è la Cattedrale di Parma: mi diceva aspetta, ma il nero delle figure durava a lungo prima di passare all'oro di un raggio sulla Deposizione antelamica; e la Cattedrale la ritrovavo nella cantina con le bandiere impolverate sull'asta dove si incontrava con i suoi compagni, a preparare testardamente una nuova partenza, e c'era un fuoco acceso che sul muro faceva aprire le braccia a un'ombra più grande, al centro, e sulla sinistra portava ombre in adorazione, addensando sulla parte opposta gli armati con lo scudo.

E tutte le dimore delle tenebre paterne si sono uguagliate, nel corso della mia vita, alle camere millenarie che io ho scoperto dentro la terra, e forse per questa ragione io cercavo di scoprirle, accorgendomi che le scritture dei profeti sono le stesse di quanti raccontano il già avvenuto, e che nel sollevare vasi con uno splendore di spirale, foglie, polipi sulle superfici rosse, c'era la felicità di quando alzavo dal tavolo della cucina le bizzarre creature che avevano dato la loro forma al vuoto delle celle, perché non esisteva differenza alcuna tra quelle cose in cui tornava presente la Storia e le altre in cui tornava presente la vita di un semplice uomo.

Questa casa è anche la Camera dei Macelli dove l'Ammazzatore arrivava a cavallo, la mano guantata, nella cintura la pistola che spara il chiodo, e un sangue secco, delle uccisioni di molti giorni, gli imbrattava la camicia. Egli veniva dalle casupole parmensi all'orizzonte – gli bastava attraversare al galoppo il greto di un torrente – ma sembrava una scena d'altre terre e avventure.

La Camera si chiudeva alle sue spalle. Lo scoppio di una pistolettata si diffondeva nel piazzale e con mio padre vedevo nei vetri la bestia che crollava a terra. Poi tornavamo attraverso i fuochi e il fumo biancastro che si sprigionava dai corpi di altri vitelli legati nelle file che aspettavano di entrare nella Camera: i loro fiati ci inondavano la faccia come i colpi di lingua di Minosse quando ha paura che qualcosa possa strapparlo da me. Muggivano piano. Insieme. Coperti dall'incerata nera avrebbero potuto scambiarsi per prigionieri alla catena e il muggire per un'implorazione di anime alla carità dei cieli.

Gli chiedevo:

«Perché proprio qui?»

Mio padre mi conduceva via con una stretta più forte sul braccio:

«Perché è anche il nostro destino.»

Affrettava il passo, ne fuggiva, eppure si girava continuamente:

«Conoscerlo. Non c'è altro modo per sperare di evitarlo.»

In questa casa, dunque, è venuta a parlarmi.

Non più con le parole di una saggezza acquistata con dolore, ma con le parole dell'osceno. Non importa. Poiché sono le sole di cui dispone, io le dividerò ugualmente, come ora lei divide il mio vuoto: per rendere il più grande possibile questa cosa che è una parola, e comunque sia ci libera.

Ho cercato di udirla in mezzo alle fiamme dell'incendio di Reneia, ai roghi di Roma, sapendo che essa viene pronunciata soprattutto là dove la vita distrugge.

Restiamo fermi e di fronte, a guardarci nascere questa parola.

... chiusi come dentro un cerchio che è questa notte oscena che ci affonda ormai nel suo orrore ma anche in una sua invalicabile pietà, notte ai piedi di una croce, e ancora non capisco se il mio ruolo stia dalla parte di chi adora, supplica e piange o di chi immerge la lancia.

È il punto intermedio, l'altissimo punto, qualunque cosa sia, la Creazione, l'Eterno o il loro esatto contrario, che mi sfugge e non riesco a raggiungere.

Mi chiede con un soffio:

«Dimmi cosa devo fare per te.»

Mi arriva dalle forme di un viso la cui bellezza nella realtà non mi è mai accaduto di vedere; con un'implorazione silenziosa dove mi sta chiedendo di non abbandonarla, perché ora il padre non sta più di fronte a me, ma sono io il padre, io devo esserlo, io averne il coraggio.

È pronta a subire tutta la sua vergogna.

Per cui, contro me stesso, le rispondo:

«Ciò che fai per gli altri uomini. Trattami come il peggiore di quelli con cui stai, e li hai appena conosciuti durante una notte, e poi subito li dimentichi. Lo lasci e già non c'è più, l'uomo. Tutto di lui si è dissolto nel tuo capriccio. Ma anche tu ti sei dissolta nel suo.»

C'è un momento in cui non mi risponde, non fa un gesto.

Un sopravvenire di qualità innate e perdute, una nobiltà originaria che risorge dalla sua anima decaduta, hanno un grande potere in questo silenzio. Ora è su di lei che incombono apparizioni dolci nelle loro lontananze, ossessive nel loro presente. Le fanno abbassare il capo:

«Perché?»

Senza più furore o disprezzo – come quando mio padre dalla nebbia mi rispondeva: sono io; col rimorso d'avermi abbandonato a tanta solitudine che ora poteva abbracciare con lo sguardo – le dico:

«Perché non può esserci per te altra parola.»

Dovrei spiegarle in che modo non esista, da parte sua, che questo accettare la dispersione del seme altrui: in che misura sia l'unica cosa viva che possa accogliere in sé, tenendola, avendone emozione.

E fino a che punto, nel chiederle questa parola, io mi veda simile alla nube primitiva quando, dopo aver creato negli spazi miliardi di masse solari e di anni luce, si accorse che un vuoto le si opponeva; scoprì d'essere vuota della convinzione della vita e che qualunque tentativo facesse per far risplendere alla luce una sua forma, tutto si raggelava nelle tenebre.

Invece le ricordo i giorni in cui la sua parola io l'ho udita come un grido:

«Ti ho visto» le dico. «Stavo a spiarti. La prima volta per caso. Le altre perché lo volevo.»

Le descrivo ogni mia visione, da quando è comparsa con M.Z. sulla spiaggia di Delo.

«Per scoprire cosa?»

«Te» le rispondo. «Semplicemente.»

Sono costretto a sollecitare un meccanismo così assopito che la fa reagire con un solo movimento della mano sopra i capelli. Però con un respiro. Di dolore. Chi più di me potrebbe capirlo?

«E non mi hai fatto niente?»

«No. Anche volendolo, non avrei potuto fare niente. Né a me né a te. Non potevo essere che un testimone.»

Me ne chiede la ragione.

Dovrei dirle che era lo stesso dolore che adesso paralizza lei. Non un dolore paterno. Ma il dolore in sé. Come condizione esistente. E mentre stavo dentro i miei nascondigli, quello che poteva essere stato un pensiero sull'inutilità della mia vita diventava un'imperiosa necessità di cancellarla.

Invece la chiamo a me su questa carità che, una volta raggiunta, rende comprensibile anche ciò che si manifesta non per essere capito, ma sofferto.

Allora è lei che mi prende, che mi porta a toccarla. Comincio dalle braccia. Non ho che il coraggio di risalire a un seno, a una spalla, al collo. I denti e la pelle hanno trasparenze come se nessuno vi avesse mai deposto nulla che non fosse puro.

In ogni punto dove arrivo un calore della giovinezza mi nasce sotto le dita. Contemporaneamente le sue mani obbediscono all'automatismo della sua amoralità. Afferrano il maglione ai lembi e lo sollevano. E delle altre cose si liberano con uno scatto o un gesto paziente se le si impigliano nei capelli o in una fibbia.

Quando non ha più nulla da scagliare sul pavimento, resta con la testa abbassata sul petto. Ma non è che non voglia vedermi. Per la prima volta qualcosa la costringe a guardarsi nella propria nudità, esposta ai piedi del padre, con questa dolente meraviglia.

... ed è lei che ascolto?

Mentre mi dice sommessamente:

«Non farti rimorsi. Potrebbe essere il contrario di ciò che credi. Anch'io ti ho messo nella vita. Forse con più felicità e dolore.»

Comunque sia, sto aiutando qualcuno a confessarmi una verità che gli riesce difficile.

Continua:

«A Delo. Quel giorno.»

L'ombra in cui affonda accresce l'impressione che la voce non sia la sua.

«Alla città dentro il mare di Delo?» le chiedo. «Ma se proprio tu hai cercato di convincermi che non è stato che un inganno. Che quella città non esiste.»

«Esiste» ribadisce. «E io, sì, ti ho spiato nel tuo momento più occulto e vergognoso. Nella tua rassegnazione immediata a rimanere là per sempre.»

Non può essere lei. La pausa che cade tra noi è un silenzio d'eternità. Eppure le chiedo ancora:

«Perché mi hai portato via da quel luogo? Perché hai voluto che io cercassi di dimenticarlo?»

«Perché non era il tempo. Il tuo sarebbe stato semplicemente un gesto. Esistente per un'attrazione misteriosa, ma ancora senza una ragione nella realtà. Adesso hai raggiunto anche tu la fine del tuo vuoto. Adesso puoi ritornare: ripeterlo, quel gesto.»

237

«Mi pare che stavolta non saprò esserne all'altezza. Che le cose capite lo rendano tanto più grande di ciò che mi è possibile.»

«Ti sbagli. Lo hai preparato come dovevi dentro la tua vita. Con le persone della tua vita.»

... e siamo finalmente al punto in cui può obbedirmi offrendomi la sottomissione con cui esegue gli ordini degli M.Z. Oppure sono io a obbedirle. Perché ho capito che toccava a me scendere nel suo elemento anfibio, non a lei salire nel mio.

Lascio che mi guidi, senza negarle nulla.

Si è dimenticata totalmente chi io sia. Ma l'accetto affinché, fra poco, se ne ricordi. La vedo come mi trasforma in uno sconosciuto che induce a piegarsi, e poi a rannicchiarsi contro il ventre, porgendole la schiena, mentre le sue mani passano su quelle che devono apparirle desolate ossa, e nel sesso e in ogni altra cosa.

«Vieni» mi dice con antica, misteriosa sapienza.

«Per rendere il più grande possibile questa cosa che è una parola» ripeto, ma il mio è ormai un farneticare. «Tu non sai come possa raggiungere, quando l'uomo lo vuole, la vastità dell'universo e comprendere, come un atomo, le più opposte ragioni. Nella parola che sta per unirci c'è la notte che ti costringerà a ricordarmi. Il tuo reagire da essere umano. Il mio vendicarmi. Ma anche il contrario. Cioè l'amore che ancora provo per te. Oppure è un'altra, e non meno paradossale, forma dell'amore per me stesso, perché sei l'unica cosa con una sua bellezza che io sia stato capace di creare.»

Quando accade, le basta un attimo per essere ciò che vuole: nella sua gloria d'animale che ne tiene un altro, insignificante, negli artigli.

... ma nello stesso momento mi dico: è accanto a Minosse che sto sdraiato, con l'impressione di rimettere a lui questa sete del prossimo che inseguo quanto più mi ripugna; come la stanza non è che la forma compressa del mio cervello senza più possibilità di creare immagini che non siano della sua degenerazione.

Chi, del mio prossimo?

Chi mi insinua nell'orecchio le parole dell'osceno con cui mia figlia avrebbe potuto parlare con me, e io con lei? Ho paura che non siano le sue bestemmie e nemmeno il suo dolcissimo: toccami. Ma Minosse che si lamenta perché ha fame. O fiuta la mia agonia. Chi mi ha introdotto dentro di sé con il gesto noncurante di una donna che immette nel proprio corpo i molti uomini della sua vita, mentre cercavo di capire se stavo affondando tra due braccia alzate o due zampe capovolte?

Qualunque cosa sia, lingua o mucosa vaginale, mi attira al fondo e corre in avanti, si ritrae, per bagnarmi più intimamente di sé. Perché mi rifiuto di credere alla realtà e mi dico: è la bocca di Minosse, questa? E questo l'ultimo gesto che riesco a compiere?

Questo muovere la mano nel buio.

È molto stanca. Non ce la fa ad arrivare subito alla bocca di Minosse, che è lì, pronta a darmi la certezza che c'è. La mano si sposta sul pavimento: le sembrano enormi gli spazi che mi formano intorno il vuoto; infine affonda nella bocca amica che se la tiene tra i denti ma con una leggerezza estrema, come quando in giorni non lontani mi portava da un punto una cosa preziosa.

La sola comunione che mi venga concessa.

Le mosche stavano annidate dentro il pelo di Minosse e ora che Minosse violentemente si scuote, cercando di trascinarmi sotto la finestra a respirare, si svegliano scagliandosi contro la mia faccia. Eppure so bene che sto dicendo a mia figlia: vorrei aiutarti a ricordare; erano notti d'inverno molto fredde e tra montagne che mi sembrano ricoprire un pianeta, ed eri tu che venivi da bambina oppure io che ti chiamavo nel mio letto a farti caldo. Ma solo da te si trasmetteva quel po' di calore, perché non riuscivo a liberarmi della mia stanchezza mentre ti insegnavo a parlarmi con le prime parole, come sto tentando di nuovo, ma con parole opposte, quelle del disgusto.

Ho la certezza che mia figlia mi risponda.

Che faccia il gesto di sollevare le dita nel cerchio di una lampada inesistente, dicendomi: sono nata da qui, guarda. E la luce fa spiccare ancora più bianca l'ostia del mio seme raccolto dentro la sua mano.

Eppure la forza che ha smentito tutta la mia vita, e ora più che mai ne smentisce la fine, mi dimostra che sto stringendo Minosse nella degradazione che subiscono i pazzi, i quali credendo di avventarsi contro i loro fantasmi è contro le pareti che si avventano, oppure inseguono la forma mobile che gli è vicina scambiandola per una perduta presenza materna, come succede anche ai volatili e ad altri animali privati della madre subito dopo il nascere, anche ai cani della razza di Minosse; per cui Minosse, regredendo con me a uno stato fetale, compie sul mio corpo l'operazione che io compio su di lui, ed ecco che nel balzarmi addosso è la madre che stringe, con i denti e le zampe, e io non faccio nulla per impedirglielo: entrambi creature nella parodia del loro essere state create.

Mi dico: è la lotta che abbiamo cominciato io e lei dopo che le ho annunciato che sua madre è morta, e questa lotta non è mai cessata un istante. Oppure è la notte quando sono entrato nella sua camera per ucciderla come un cavallo matto della mia terra.

La Crocefissione non è che l'aculeo di uno scorpione. Mi violento. Nelle mani. Nei piedi. Dentro lo stomaco. Il ferro che mi sono trovato cercando la bocca di Minosse non capisco cosa sia: è corto, acuminato; forse l'avanzo di un mobile o un arnese degli operai che hanno smontato i mobili.

Me lo sto conficcando con gli stessi colpi con cui sto possedendo mia figlia. O Minosse, con la sua bocca, cerca di possedere il mio stare male. Non credevo che un cane potesse avere una forza simile. E nemmeno una ragazza. Che ora mi spinge le ginocchia nel ventre come Minosse spingerebbe le zampe. E la sua bocca prende da me la cosa che mi sta uscendo, sperma o sangue.

È una forma fraterna che continua a darmi tutto l'amore che può: per farmi capire che, persino in questo atto atroce, non sono solo.

Non sarò mai solo. Nemmeno quando l'essere che non riesco a decifrare avrà messo nell'assistermi quel poco di vita che gli restava e non potrà più trasmettermi il suo respiro: già lo sento ridursi su di me, fino a spegnersi completamente nel buio.

Non c'è più un alito di quello che era un grande fiato.

E qualunque essa sia, la forma si rovescia sfinita al mio fianco.

Allora ho l'impressione di chiedere ad alta voce:
«Dimmi finalmente cosa significa M.Z.»
Lo ripeto, con ossessione. Un numero infinito di volte.
Vorrei che una voce mi rispondesse. Come se qualcuno standomi di fronte si ricordasse con sorpresa:
«Sono le iniziali del tuo nome e del tuo cognome.»

XIII

A farmi alzare dal pavimento sono state le campane di Roma che suonano perché dev'essere festa. Ho attraversato la casa e un calore acre si diffondeva nell'oscurità, come quando brucia qualcosa nel sottobosco, e tutto il bosco ne respira.

Ho aperto una finestra del soggiorno. Mi sono accorto che era davvero mattino. Ho guardato nella strada, con la paura di voltarmi. Entravano l'aria e il sole, ma quel che di soffocante non diminuiva; né l'idea che si alzasse dal centro del pavimento alle mie spalle.

Mi sono girato sapendo già come lo avrei visto.

E infatti eccola, la realtà.

Il sole circondava la testa e vi faceva luccicare i denti; gli occhi aperti fissavano il punto da cui mi ero trascinato alla finestra. C'era il sangue delle mie ferite. Minosse sembrava volerle cancellare con la lingua che usciva dalla bocca protesa, ma ne restava lontana. Un dolore sereno aveva fermato negli occhi con cui il cane mi aveva guardato dentro il buio morendomi tra le mani, uno di quei momenti di pietà di cui era stato impagabilmente capace; anche le zampe, contratte come nell'atto di compiere un salto, mi dicevano che appunto da cane fedele era corso avanti, a precedere ancora una volta i miei passi che fra poco lo avrebbero raggiunto nel luogo dove mi attendeva.

Questo era l'odore della sua corruzione. Mi sono inginocchiato accanto a lui. Aspettavo come se da un istante all'altro avesse potuto rispondere al mio parlare senza parole che soltanto con lui mi era riuscito.

Toccavo il suo pelo e mi accorgevo di quanto le sue ossa fossero diventate larghe e scarne. Il pelo si staccava quasi spontaneamente. Avrei voluto nasconderlo. O almeno coprirlo. Ma non avevo più nulla con cui farlo.

Ho pensato al giorno che sono entrato nella cella e da un po' di sole Minosse mi ha guardato per la prima volta, senza vedermi, perché ero un estraneo e lui non conosceva ancora la vita degli uomini. Ho pensato alle parole del prigioniero: in prigione ci vuole sempre qualcosa che mantenga in vita, i cani da galera mantengono in vita, l'uomo diventa come loro e loro come l'uomo.

Inarrivabile cane umano, destinato da sempre alla dedizione ai suoi carnefici.

E adesso piove. E io aspetto. Ho telefonato a Giulio. Che è venuto ed è rimasto a lungo dentro l'appartamento, cercandomi inutilmente senza sapere che io stavo appostato nel portone della casa di fronte, a guardarlo mentre apriva una dopo l'altra le finestre e si affacciava, sperando di vedermi apparire nella strada.

Giulio ha chiamato un ragazzo con un carretto: hanno portato il corpo di Minosse e ve lo hanno deposto coprendolo con un telo. Ora i due si lasciano. Giulio si allontana, si gira prima di svoltare, ma non potrà mai vedere il cenno con cui lo saluto. Seguo il ragazzo chissà dove, e poi capisco che stiamo andando verso una riva del Tevere. Dal telo esce una zampa di Minosse, che scivola dal legno come la mano di quella sera dal marciapiede.

Guardo il non sapere della gente. Il non girarsi di nessuna testa verso il carretto picchiato dalla pioggia. L'incappucciarsi del ragazzo. L'affollarsi degli ombrelli intorno a lui e a me che ne vengo separato, e mi faccio largo nella distesa dei tanti sudari simili a quello che copre Minosse, di cui a momenti mi appare la schiena che si muove, quasi fossimo vivi entrambi e lui rispondesse al mio chiamarlo in un giorno qualunque della nostra amicizia. Povera spoglia ignorata dalla vita celeste e terrena, trascinata da braccia che non sanno, e che pure dà forma a questo amen grande come il cielo e la terra.

Tutto ciò non mi trasmette più alcuna emozione. È la prova evidente, se ce ne fosse bisogno, che la mia umana avventura è finita. E che nemmeno questo Dio, che pure ha il potere di sorpassare ogni limite, anche del suo stesso essere Dio, conosce quale sia il modo di arrivare a lui, perché non ha posto fiducia in ciò che ha creato e ha preferito diffidarne ponendo tra sé e le sue creature l'orrore.

Poi il carretto s'impantana.

Ci siamo lasciati la città alle spalle. Affondiamo verso le acque in mezzo a sterpi ed erbe putrescenti. Qui il ragazzo si ferma. Rovescia Minosse fra tante altre carogne. Riprende il carretto e s'allontana. Io rimango dove sono. Il corpo di Minosse è solo un profilo laggiù, più armonioso degli altri che segnano i confini di quella riva desolata.

Niente rinascerà mai più da noi che non sia questo. Non aspettiamoci più alcuna razza che assomigli al Padre. Non è Dio che deve avere pietà di me, ma io di lui. E forse questa à una verità più grande di quella di coloro che dicono di credere e non sanno che la conoscenza richiede che tutto sia messo in gioco come io ho fatto.

Mi accorgo che improvvisamente c'è una luce più chiara da un banco di nuvole e che devono essere passate delle ore: illumina le carogne che sembrano cariche di polvere bianca, in un momento presto cancellato dalla notte.

Allora me ne vado. Il tempo è grande e onnipotente e io vi faccio ritorno.

Addio, Minosse.

Quando la nebbia diventa meno densa, posso scorgere dietro di me le scogliere di Delo e un grande fuoco sul molo dei caicchi.

Mi pare che quell'azzurro di una luce sospesa sia il Lago Sacro. E quella la Casa dei Delfini.

Il sole sta per alzarsi. Ma non si vede ancora.

Il vento si tuffa sotto il filo dell'acqua, sbatte contro la barca, ma il rematore non ha paura. Mi dirige verso occidente, dove io gli ho detto. Piegato ai remi e sotto il peso di un pensiero, sembra un frate inginocchiato nella sua cella.

Avanziamo lentamente. Senza parlare.

Ecco il punto. Già lo vedo nel mare scuro, montagnoso. Fra poco gli dirò di fermarsi.

Adesso so che, prima del giorno, raggiungerò la mia città sepolta.

«Umana avventura»
di Alberto Bevilacqua
Bestsellers Oscar Mondadori
Arnoldo Mondadori Editore

Questo volume è stato stampato
presso Arnoldo Mondadori Editore S.p.A.
Stabilimento Nuova Stampa - Cles (TN)
Stampato in Italia - Printed in Italy